Kavallerie 2

FSC
www.fsc.org

MIX

Papier aus ver-
antwortungsvollen
Quellen
Paper from
responsible sources

FSC® C105338

Michael Edler von Felsenhain (Hg.)

Kavalleriereglements für den Pferdesport

Band 2

Heeresdienstvorschrift 11/I: Das Truppenpferd – Heft 1:
Pferdepflege, Stallpflege, Füttern und Tränken

Heeresdienstvorschrift 11/II: Das Truppenpferd – Heft 2: Körperbau,
Erkrankungen, Futtermittel

Bibliographische Informationen der Deutschen Nationalbibliothek

Die Deutsche Nationalbibliothek verzeichnet diese Publikation in der Deutschen Nationalbibliographie; detaillierte bibliografische Daten sind im Internet unter dnb.d-nb.de abrufbar.

1. Auflage 2017
Alle Rechte vorbehalten.
Herstellung und Verlag: BoD - Books on Demand, Norderstedt

ISBN: 9783744864732

H. Dv. 11/1

Das Truppenpferd

Heft I:

Pferdepflege, Stallpflege, Füttern und Tränken

Vom 18. 8. 37

Inhaltsverzeichnis.

Einleitung.

1. Die gründliche Kenntnis des Pferdes, seines Körperbaues, seiner Lebensnotwendigkeiten und seiner vielseitigen Eigenschaften ist Vorbedingung für eine sachgemäße Behandlung, Wartung und Pflege. Sie muß deshalb ebenso wie die Kenntnis des ersten Verhaltens bei kranken und verletzten Pferden Allgemeingut werden.

2. Bei allen mit Pferden ausgestatteten Truppenteilen ist es eine der wichtigsten und dankbarsten Aufgaben jedes Vorgesetzten, bei seinen Untergebenen Liebe zum Pferde zu wecken. Der Reiter und Fahrer ist im Frieden und im Kriege mit seinem Pferde, als seinem treuesten Kameraden, innig verbunden. Sein und seines Pferdes Wohl und Wehe hängen voneinander ab.

Je größer die Sorge aller Offiziere, Unteroffiziere und Mannschaften um das Wohlbefinden der ihnen anvertrauten Pferde und je gründlicher ihr Verständnis für das Pferd ist, desto besser wird es um die Gesundheit und die dadurch bedingte Dienstbrauchbarkeit des kostbaren Pferdematerials bestellt sein.

3. Engste Zusammenarbeit zwischen dem Führer der Truppe und dem Veterinäroffizier sind Vorbedingungen für einen hohen Stand der Pferdepflege in der Truppe.

Kriegserfahrungen haben gelehrt, daß nur auf diesen Grundlagen eine volle Ausnützung des Truppenpferdes gewährleistet, ständige Marschbereitschaft erhalten und die Schlagfertigkeit der Truppe sichergestellt werden kann.

4. Gute, sorgsame Pflege und Wartung des Truppenpferdes ist zum Erhalten der Gesundheit, des Kräfte- und Nährzustandes sowie zum Erzielen von Höchstleistungen im Friedens- und Kriegsdienst von größter Wichtigkeit.

I. Kennzeichen des gesunden Pferdes.

5. Das gesunde und gut gepflegte Pferd ist lebhaft, es hält Hals und Kopf hoch und steht fest auf den Vorder- und Hinterbeinen. Die Bewegungen des gesunden Pferdes sind ungezwungen. Das Haar ist glatt und glänzend, die Haut ist weich und elastisch, sie fühlt sich mit Ausnahme der Ohren und Gliedmaßen gleichmäßig warm an.

6. Das ruhig stehende Pferd hat 8—12 gleichmäßige Atemzüge, 30—40 Herzschläge (Puls) in der Minute und eine im Mastdarm gemessene Körperwärme von 37,5—38,5 Grad Celsius.

Atmung, Puls und Temperatur vermehren sich gleichlaufend mit der Größe der Bewegung. Die Beruhigung nach der Bewegung erfolgt im allgemeinen in 10—15 Minuten.

7. Das Auge soll offen, klar, spiegelnd, ohne Tränenfluß sein. Die natürlichen Körperöffnungen (Nase, Maul, After, Scheide, Schlauch) dürfen keinen Ausfluß, die im Kehlgang liegenden Lymphknoten dürfen keine Schwellungen zeigen.

Die Schleimhäute sollen eine gesunde, blaßrote Färbung zeigen.

8. Futter= und Wasseraufnahme sowie Verdauung bilden ein sicheres Mittel zur Beurteilung der Gesundheit eines Pferdes. Gesunde Pferde geben, sobald die Zeit des Futterns kommt, Zeichen, daß sie Freßlust haben. Sie sehen sich nach der Seite um, wiehern und stampfen mit den Vorderfüßen. Sie fressen das ihnen dargebotene Futter ohne Unterbrechung völlig auf. Ebenso nehmen sie willig das dargereichte Wasser an.

Die Verdauung eines gesunden Pferdes geht ohne Störung vor sich. Der abgesetzte Kot (10—12 mal am Tage) ist gut geballt, trocken und glanzlos. Er hat je nach den Futtersorten eine goldgelbe bis olivgrüne Farbe und enthält nur wenige unverdaute Haferkörner. Der Harn ist hellgelb, trübe und fadenziehend. Er soll ohne Schmerzäußerung täglich ungefähr 4—5mal abgesetzt werden.

9. Während des Dienstes zeigt ein gesundes Pferd Gehlust, es ist willig und leistet die von ihm geforderte Arbeit. Ermüdungserscheinungen und Schweißausbruch treten nur bei verstärkter Dienstleistung, vor allem bei jungen und nicht oder mangelhaft trainierten Pferden auf.

10. Gesunde Pferde schlafen täglich mehrere Stunden und verbringen einen Teil des Schlafes im Liegen. Sie werden jedoch bei dem geringsten Geräusch wach.

II. Pferdepflege, Stallpflege.

A. Allgemeines.

11. Jeder Mann, dem ein Truppenpferd zuge-wiesen wird, muß sich mit der Pferdepflege und Wartung völlig vertraut machen. **Ein guter Pferdepfleger denkt zuerst an sein Pferd, dann an sich.**

12. Der Pferdepfleger muß versuchen, das Ver-trauen des Pferdes zu gewinnen. Seine Arbeit wird dadurch bedeutend erleichtert. Ruhiges, stets überlegtes, freundliches, dabei energisches Behan-deln ist dazu notwendig. Es gibt viele ängstliche und schreckhafte oder durch schlechte Behandlung verdorbene Pferde und nur wenige bösartige oder widersetzliche. Auch diese wenigen Pferde mit schlechtem Charakter macht ruhige, energische Be-handlung eher gefügig als unüberlegte Roheit.

Rohe Behandlung oder sogar Miß-handlung sind ohne Nachsicht zu be-strafen. Nach dem „Deutschen Reichs-tierschutzgesetz" kann der Soldat sich neben Disziplinarstrafen schwere Freiheitsstrafen zu-ziehen, wenn er gegen die Bestimmungen dieses Gesetzes verstößt.

13. Es ist die Pflicht eines jeden Vorgesetzten, das ständige Augenmerk auf eine sachgemäße Pflege und Wartung des Pferdes zu richten, belehrend einzugreifen und mit gutem Beispiel voranzugehen.

B. Körperpflege.

14. Die Körperpflege umfaßt alle zum Gesunderhalten des Pferdes zweckmäßigen Einwirkungen auf Haut, Haare und Hufe des Pferdes.

15. Die Haut dient — neben ihrer Aufgabe als Schutzdecke — dem Regeln der Körperwärme, der Ausdünstung, der Schweiß- und Talgabsonderung. Durch diese Verrichtungen steht die Haut in vielfacher Beziehung zur Tätigkeit der inneren Organe. Daher ist die Gesundheit des Pferdes vom richtigen Ablauf der Hauttätigkeit wesentlich abhängig.

Der von der Haut abgesonderte Talg überzieht Haut und Haare mit einer dünnen Fettschicht, verleiht ihnen so den Glanz und schützt sie vor der Einwirkung des Schweißes, der Feuchtigkeit und dem Austrocknen.

Um die Haut in regelmäßiger Tätigkeit zu halten, ist die Hautpflege sehr wichtig.

a) Das tägliche Putzen.

16. Die Haut kann ihrer Tätigkeit um so besser nachkommen, je gründlicher sie gereinigt wird, das heißt, je weniger die Poren durch Hautschuppen und Schmutz verstopft sind. Dieses Reinigen wird durch Putzen erreicht.

Das Putzen ist jedoch keineswegs nur als ein Reinigungsvorgang aufzufassen, es ist auch eine wesentliche gesundheitliche Maßregel. Die beim Putzen geübte Massage der Haut regt den Blut= kreislauf an, hebt das Wohlbefinden des Pferdes und erhöht dadurch seine Leistungsfähigkeit und Widerstandskraft.

17. Zum Putzen und Reinigen des Pferdes sind zu verwenden: Striegel, Kardätsche, Wurzelbürste, Hufräumer, Schwamm, mehrere Tuchlappen und Strohwische.

Das Putzzeug ist allmonatlich einmal gründlich zu reinigen.

18. Die Persönlichkeit des Pflegers kommt in ihrem Einfluß auf das Pferd kaum irgendwo so zur Geltung wie beim Putzen.

Unsachgemäße oder gar rohe Behandlung hier= bei kann ein Pferd vollständig verderben.

Wenn man den Stand betritt, rufe man das Pferd an, damit es nicht erschrickt und ausschlägt. Man klopfe das Pferd oder streichele es am Halse und Rücken. Man spreche viel mit dem Pferde. Die menschliche Stimme flößt dem Pferde Vertrauen ein und wirkt be= ruhigend.

Meist kann man schon an der Art, wie das Pferd sich beim Putzen verhält, erkennen, ob die Arbeit sachgemäß und ruhig ausgeführt wird. Kitzliche, nervöse Pferde bedürfen ganz besonders einer geduldigen und liebevollen Art des Putzens,

da sonst manche Untugenden, wie Kopfscheue, Bei=
ßen, Schlagen usw., erzeugt werden können.

19. Vor dem Dienst werden die Pferde leicht
übergeputzt und in der Richtung der Haare abge=
wischt, damit der Staub oberflächlich entfernt
wird und die Haare glatt liegen. Mähne und
Schweif werden von Stroh= und Heuteilen ge=
säubert.

Gründliches Putzen hat täglich einmal, und zwar
am geeignetsten nach dem Einrücken vom Dienst,
zu erfolgen. Fällt die Beendigung des Dienstes
mit der Fütterungszeit zusammen oder sind die
Pferde vom Dienst stark ermüdet oder erhitzt, so
ist mit dem Putzen nach Möglichkeit erst nach etwa
1 Stunde Ruhe zu beginnen. Putzen während der
Nahrungsaufnahme stört das Pferd, verdirbt es
oft und schädigt die Nahrungsverwertung.

Erlaubt es die Witterung, so ist die Reinigung
im Freien vorzunehmen. Der beim Putzen ent=
stehende Staub lagert sich dann nicht im Stall ab
und braucht nicht von Mensch und Tier einge=
atmet zu werden. Auch bessere Durchlüftung des
Stalles und Schonung der Streu ist damit ver=
bunden.

20. Die Pferde sollen vom Frühjahr bis zum
Herbst an schönen Tagen nicht nur zum Putzen und
Abwarten ins Freie kommen, sondern möglichst
auch nach dem Mittag= und Abendfüttern im
Freien stehen. Im Freien sind die Pferde in der
gleichen Reihenfolge wie im Stall aufzustellen,
damit Schlägereien und Beißereien nach Möglich=
keit vermieden werden. Ständige Aufsicht ist not=

14

wendig. Ein Aufstellen der Pferde an heißen Sommertagen in der Sonne ist unzweckmäßig, da im Pferdekörper eine starke Wärmestauung mit Temperaturerhöhung entsteht und Mattigkeit beim Pferde hervorgerufen wird.

21. Muß das Putzen im Stall stattfinden, so sind die Pferde tunlichst auf die Stallgasse zu stellen (Vorsicht bei glatten Stallgassen!). Schläger und Beißer sind im Stande zu putzen. Alle Fenster der dem Winde abgekehrten Stallseite sind dabei zu öffnen.

22. Es ist nicht zweckmäßig, eine zu lange Zeitdauer des Putzens vorzuschreiben. Die Länge der gebrauchten Zeit allein bildet durchaus nicht einen Prüfstein für zweckmäßiges Putzen. Es muß energisch und schnell geputzt werden und nur so lange, bis das Pferd gereinigt ist, d. h. bis man an den Haarwurzeln keine Schuppen mehr sieht und man mit den Fingern unter leichtem Aufdrücken gegen die Haarrichtung streichen kann, ohne sich zu beschmutzen und ohne bei dunkler Haarfarbe staubige Striche zu sehen. Ein Putzen darüber hinaus ist unzweckmäßig. Jedes allzu starke Putzen erzeugt Empfindlichkeit der Haut und eine stark gesteigerte Hauttätigkeit durch vermehrte Schuppenbildung und Ausdünstung, ebenso macht es das Pferd oft nicht nur beim Putzen selbst, sondern dauernd erregt.

23. Das Putzen beginnt auf der linken Seite, wobei die Kardätsche in die linke, der Striegel in

die rechte Hand genommen wird. Beim Putzen der rechten Seite des Pferdes wird die Kardätsche in die rechte Hand, der Striegel in die linke genommen. Man putzt in der Regel auf jeder Seite von vorn nach hinten.

24. Der häufigen Neigung, beim Putzen die versteckt gelegenen und schwieriger zu reinigenden Stellen, wie Ohren, Halsteil unter der Mähne, Bauch, innere Fläche der Hinterschenkel, untere Schweiffläche, Schlauchöffnung, zu vernachlässigen, muß entgegengetreten werden.

25. Handhabung der Kardätsche: Lang über das Pferd hingleitende, ruhige Striche, ohne zu stoßen oder zu hacken; im allgemeinen gut dabei aufdrücken, an den empfindlicheren Körperstellen und bei empfindlicheren Pferden den Druck jedoch mäßigen; vorzugsweise mit dem Strich die Haare bürsten, besonders in der Zeit des Haarwechsels.

26. Besondere Behutsamkeit und Vertraulichkeit ist beim Putzen des Kopfes erforderlich. Der Striegel ist dabei ganz aus der Hand zu legen.

27. In der Hauptsache dient der Striegel zum Reinigen der Kardätsche; im übrigen ist er nur zum Abkratzen stärkerer Schmutzkrusten zu benutzen, aber niemals an Körperteilen, denen das Fleischpolster fehlt, also niemals an Knochenvorsprüngen, an den unteren Gliedmaßen und am Kopfe.

28. Reinigen der Schopf-, Mähnen- und Schweifhaare: siehe Nr. 41.

16

29. Das Reinigen der Körperöffnungen mittels Schwammes oder feuchten Lappens geschieht in der Reihenfolge: Augen, Maul, Nasenlöcher, After, untere Schweiffläche, Schlauchöffnung. Hierbei ist für Augen, Maul und Nasenlöcher ein besonderer Schwamm oder Lappen zu benutzen, nach der Reinigung jeder Körperöffnung ist der Schwamm oder Lappen auszuspülen.

30. Abwischen des Pferdes ist nötig zur Entfernung des beim Putzen auf das Pferd zurückgefallenen Staubes; es ist richtig ausgeführt auch von ganz außerordentlichem Einfluß auf das Aussehen des Haares. Bessere Dienste als das Wischtuch oder der Strohwisch tut hier eine aus Heu, besser noch aus Werg gedrehte Wulst, der, in mehreren Knoten geschlungen und angefeuchtet, durch heftiges Schlagen gegen die Wand eine glatte, ebene Oberfläche gegeben wird. Der Pferdepfleger nimmt dann die Wulst in beide Hände und zieht sie möglichst oft unter gutem Andrücken auf allen Stellen des Pferdekörpers entlang. Wird dies Verfahren nach gutem Putzen regelmäßig ausgeführt, so bekommt das Haar ein spiegelblankes Aussehen.

b) Hufpflege.

31. Für die Gesunderhaltung der Hufe ist größte Reinlichkeit die Hauptsache. Die Reinigung der Hufe muß täglich vor und nach dem Dienst stattfinden. Nach jedem Dienst müssen beschmutzte Hufe besonders gründlich behandelt werden, bis sie völlig frei von Sand und Schmutz sind. Zu diesem Zwecke wird zuerst mit einem am Ende abgestumpften Hufräumer der gröbste Schmutz aus der Sohle entfernt, dann der Huf mit der feuchten Wurzelbürste sauber gereinigt. Hierbei sind besonders die Strahlfurchen sorgfältig zu säubern. Ein- bis zweimal in der Woche — bei starker Verschmutzung täglich — sind die Hufe, falls nötig unter Zuhilfenahme von Seife, zu waschen; das Wasser muß möglichst oft erneuert werden. Ein Bekratzen der Hornwand ist, da dadurch die Glasurschicht der Hornwand zerstört wird, verboten.

Zuviel Waschen macht die Hufe rauh und spröde. Die Hufe verlieren ihren Glanz, und die Hornwände werden brüchig. Die Fesselbeugen sind beim Waschen der Hufe möglichst zu schonen. Naß gewordene Fesselbeugen sind gründlich zu trocknen.

32. Das Einfetten der Hufe bezweckt, die Hufe bei Trockenheit vor dem Austrocknen, bei Nässe vor der Aufnahme von zu großer Menge Wasser zu schützen. Das Fett dringt erfahrungsgemäß nur wenig in das Horn ein, ganz besonders nicht in die Wand des Hufes. Gerade an dieser Stelle ist aber das Einfetten durch die Pferdepfleger sehr beliebt. Es wird vielfach dazu benutzt, um einen schlecht gereinigten Huf durch die glänzende Fettschicht zu verdecken. Bei Pferdebesichtigungen dürfen daher die Hufe nicht eingefettet werden.

Ein Huf darf nur nach gründlicher Reinigung eingefettet werden. Das

18

Fett ist in die Hufkrone, die Sohle und den Strahl gut einzureiben, an der Hufwand dagegen nur leicht aufzutragen.

Als Huffett verwende man nur reine, nicht ranzig riechende, gute tierische oder pflanzliche Fette.

33. Besonderer Sorgfalt bedarf die Hufpflege bei Pferden, die aus irgendeinem Grunde längere Zeit im Stalle stehen müssen. Die Hufe dieser Pferde sind durch den Mangel an Bewegung und durch die unvermeidbare Einwirkung des in die Streu abgesetzten Harnes der Gefahr der Erkrankung ausgesetzt.

Pferde, die zu Strahl= oder Hornfäule neigen, müssen, damit rechtzeitige Bekämpfung der Krankheit möglich ist, besonders beaufsichtigt werden.

Auch bei jungen Remonten ist die Hufpflege be= sonders zu beachten.

Bei längerem Verweilen im Kühl= stand sind die Hufe vorher besonders gut einzu= fetten, um ein zu starkes Eindringen von Wasser zu verhüten.

c) Abwarten nach dem Gebrauch.

34. Das Abwarten nach dem Gebrauch ist neben dem Putzen von großem Einfluß auf das Wohlbefinden und die Gesundheit des Pferdes. Im allgemeinen handelt es sich beim Abwarten nach dem Gebrauch um Trocknen und Reinigen des Pferdes.

Wo es sich ermöglichen läßt, soll man vermei= den, die Pferde in naßgeschwitztem Zustande in den

Stall zurückzubringen, sondern vorher durch genügend lange Schrittbewegung (10—15 Minuten) oder Umherführen (Trockenführen) der Pferde für eine allmähliche Abkühlung Sorge tragen.

Läßt der Dienst ein Herumführen nicht zu, dann sind die Pferde im Sommer, unter Umständen auch im Winter an klaren, sonnigen Tagen an den Außenwänden des Stalles, an der jeweiligen Sonnenseite, anzubinden. Müssen die Pferde sofort in den Stall geführt werden, so ist bei großer Kälte das Überlegen des Woilachs auf dem Wege von der Reitbahn zum Stall anzuordnen.

35. Es schont die Streu, wenn man den größten Schmutz von Beinen und Hufen noch außerhalb des Standes entfernt. Mit dem Betreten des Stalles ist für nasse Pferde jede Zugluft zu vermeiden. Der Sattel oder das Geschirr ist sofort abzunehmen. Kann Trockenreiben des Pferdes nicht unmittelbar erfolgen, oder neigen die Pferde infolge der Temperatur des Stalles oder der Außenluft zum Frieren, dann kann man sie zunächst mit dem Woilach zudecken. Bei etwaigem Nachschwitzen der Pferde ist der Woilach zu entfernen.

36. Bei großer Hitze und bei Staubentwicklung, besonders auch nach Märschen, erfrischt es die Pferde, wenn ihnen mit einem feuchten Lappen sofort Augen und Nüstern gereinigt werden. Allgemeiner Grundsatz ist es, mit dem Abwarten des Pferdes so zu beginnen, daß die des Trocknens und Reinigens am meisten bedürftigen Stellen zuerst an die Reihe kommen. Es wird also verschieden sein, je nachdem das Pferd mehr von unten durch Nässe und Schmutz des Bodens verunreinigt oder mehr von oben her durch Regen durchnäßt wurde.

Nach dem Absatteln oder Abschirren wird das vom Schweiß oder Wasser nasse Pferd mit einem Lappen abgewischt und dann mit Strohwischen trockengerieben; der in der Sattellage entstandene Schweiß ist gründlich mit Wasser abzuspülen. Die Strohwische müssen große, fest zusammengedrehte Bündel sein.

37. Bei der an das Trockenreiben naßgeschwitzter Pferde sich anschließenden Reinigung kommt neben dem Putzen noch das Waschen in Betracht.

Nur von außen angespritzter Schmutz kann völlig ausreichend mit kaltem Wasser abgespült werden. Will man aber einzelne Körperteile einer gründlichen Reinigung unterziehen, so muß Seife dazu genommen werden. In den tierischen Haaren sitzt so viel Fett, durch das der Schmutz festgehalten wird, daß eine völlige Lösung ohne Seife, die bis auf die Haut selbst dringen muß, nicht gelingt. Höchst wichtig ist es aber, daß die Seife auch wieder vollständig herausgespült wird, weil sie sonst zu Entzündungen der Haut Veranlassung gibt. Am besten verwendet man einfache Waschseife (sogenannte Kernseife).

Haupterfordernis ist, daß nach den Waschungen die Körperteile vollständig und gründlich getrocknet werden; Erkältungen sind dann niemals zu befürchten, vorausgesetzt, daß für diese Waschungen warme Tage ausgewählt werden.

In die Beinwäsche werden immer die Hufe mit eingeschlossen. Waschen der Hufe des eben geritte=

nen Pferdes bedingt nicht ein Waschen der Beine. Die Fesseln sind nach dem Waschen durch Abstreifen mit den Fingern und folgenden Abreiben mit einem Tuch zu trocknen.

Öfteres Abwaschen des Rückens bezweckt nicht nur, diesen zu säubern, sondern auch ihn gegen Entzündungen der Haut in der Sattellage abzuhärten. Das gleiche gilt für die Brustblattlage beim Zugpferd. Bei Benutzung von Seife ist hier gründlich nachzuspülen.

Für teilweise Waschungen kommen außer Beinen, Hufen und Rücken auch Mähne und Schweif in Betracht.

38. An warmen Sommertagen soll man, wenn möglich, die Pferde ein- bis zweimal in der Woche baden (schwemmen). Als Schwemme können Teiche, Seen, Flüsse und Bäche mit klarem Wasser dienen, sofern dieselben festen, keinen sumpfigen oder morastigen Untergrund haben.

Gefährlich sind Teiche innerhalb der Ortsgrenzen, da in ihnen häufig Glasscherben, Nägel, Draht usw. liegen, die oft schwere Verletzungen der Pferde zur Folge haben können. Außerdem ist die Reinheit des Wassers meistens sehr fraglich.

Stark erhitzte oder schwitzende Pferde dürfen erst, nachdem sie sich abgekühlt haben, langsam und vorsichtig in das Wasser geführt werden. Das Wasser soll eine Temperatur von mindestens 15 Grad Celsius besitzen. Der Aufenthalt der Pferde im Wasser soll sich nicht über 10 Minuten ausdehnen. Nach dem Schwemmen sind die Pferde zu bewegen oder mit einem Wolltuch abzureiben, bis sie trocken sind. Unter Umständen sind sie für eine kurze Zeit einzudecken.

39. Ist keine Gelegenheit zum Baden (Schwemmen) vorhanden, so kann man auch Ganzwaschungen des Pferdekörpers vornehmen. Am geeignetsten hierzu ist die Benutzung eines Wasserleitungsschlauches. Ein zu starker Wasserdruck ist dabei unter allen Umständen zu vermeiden.

Man beginnt die Waschungen zuerst langsam an den Füßen und leitet allmählich auf Rumpf und Hals über. Der Kopf ist auszunehmen, da das Druckwasser für die Augen und Nasenöffnungen zu gefährlich wird. Müssen Eimer benutzt werden, so ist die Waschung ruhig und vorsichtig vorzunehmen. Ein plötzliches Überschütten von Wassern aus den Eimern, dazu noch aus einiger Entfernung, ist verboten.

40. Zeigt ein Pferd beim Baden oder Abwaschen Zittern und damit Unbehagen, dann ist es sofort aus dem Wasser zu führen, oder das Abwaschen ist einzustellen. Das Pferd ist abzutrocknen und unter Umständen einzudecken.

d) Pflege der langen Haare.

41. Die Mähnen= und Schweifhaare, die Haare am unteren Ende der Beine (Kötenzopf), an der Innenfläche des Ohres und die vereinzelten langen Haare an Maul und Nüstern sind dem regelmäßigen Wechsel wie die anderen Körper=

haare nicht unterworfen; sie wachsen stetig weiter und gehen nur gelegentlich einzeln verloren. Die Langhaare dürfen daher nicht mit einem Kamm bearbeitet werden. Die einzelnen Haare sind auseinanderzuteilen und die losen Schuppen am Mähnenkamm mit der Kardätsche sauber auszubürsten. Die Haare selbst werden mit den Fingern auseinandergelegt (verlesen), so daß sie einzeln von dem Halskamm herabhängen; sie werden mit der Kardätsche glattgebürstet. Beim Verlesen und Bürsten der Langhaare ist jedes Reißen und Zerren zu vermeiden.

Bei nicht glatt am Halskamm anliegenden Mähnen ist fleißiges Anbürsten nach vorherigem Anfeuchten geboten; in schwierigen Fällen empfiehlt sich Flechten der Mähnenhaare in kleine Strähnen oder Zöpfe. Unterstützend wirkt ein zusammengefalteter Woilach, auf die glattgebürstete und naßgemachte Mähne gelegt, wo er so lange liegenbleibt, bis die Haare trocken geworden sind. Die Mähne soll im allgemeinen auf der rechten Halsseite liegen.

Zu dicke wulstige Mähnen „verzieht" man, indem man einzelne Haare längs des ganzen Mähnenkammes mit den Fingern vorsichtig (nicht ruckartig) herauszieht. Auch übergroße Länge muß auf diese Weise, nicht aber durch Abschneiden der Spitzen gekürzt werden.

Bei Pferden, deren Mähne bis auf die Widerristpartie herabreicht, empfiehlt es sich, die unteren Mähnenhaare zu stutzen oder ganz abzuscheren, damit sie nicht, zwischen Woilach und Haut liegend, zu Scheuerstellen Veranlassung geben.

24

Auf die Pflege des Schweifes findet Vorstehendes sinngemäß Anwendung. Das Bescheuern der Schweifhaare hat oft seinen Grund in Unreinlichkeiten der Schweifrübe oder in einem starken Juckreiz am After (Schmutz oder Fliegenlarven). Schweifscheuernde Pferde sind grundsätzlich auf Läuse zu untersuchen.

42. Das Scheren der Mähne ist nur dann zulässig, wenn man es mit einer struppigen (sich nicht legenden) oder verkümmerten Mähne zu tun hat, die kurze und steile Borsten bildet. Die Genehmigung zum Scheren erteilt der Führer der Einheit.

43. Die Mähnen der Pferde sind so zu verziehen, daß sie etwa eine Hand breit sind. Die Schweife sind derart zu verziehen oder zu beschneiden (Schnittfläche parallel zum Erdboden), daß sie im Gange bei getragenem Schweif etwa eine Handbreite unterhalb des Sprunggelenks endigen.

44. Zur Steigerung des Anfalls an Roßhaar zur Deckung des Bedarfs der Wehrmacht wird bestimmt:

1. Das Verziehen der Mähnen und Beschneiden der Schweife bei den Dienstpferden des Heeres hat allgemein im Frühjahr und Herbst jedes Jahres zu erfolgen. Im übrigen Verlauf des Jahres ist es nach Bedarf zu wiederholen.

2. Um eine sachgemäße Mähnen= und Schweifpflege durchzuführen, ist das Verziehen und Beschneiden nicht von den Pferdepflegern, sondern durch einzelne, hierfür besonders geeignete und geschulte Angehörige der Truppe (Berittführer, Ge-

freite) auszuführen. Dies ist sowohl für das äußere Aussehen der Pferde als auch zur größtmöglichen Verwertung der Roßhaare von Nutzen.

3. Jeder Truppenteil mit Dienstpferden hat Anordnung zu treffen, daß das durch die Mähnen- und Schweifpflege anfallende Roßhaar voll zur weiteren Verwertung gelangt und nicht verlorengeht. Es muß unter allen Umständen verhindert werden, daß Roßhaare in den Abfall geworfen werden. Das Roßhaar ist durch die Truppe zu sammeln und zu verkaufen. Der Erlös fließt dem Düngerfonds der Truppe zu.

4. Die Roßhaare dürfen nur an solche Personen und Unternehmungen verkauft werden, die von der Überwachungsstelle für Wolle und andere Tierhaare zugelassen sind und von dieser einen Ausweis erhalten haben (zugelassene Händler). Die festgesetzten Höchstpreise, die im Deutschen Reichsanzeiger und Preußischen Staatsanzeiger bekanntgegeben werden, dürfen weder von Verkäufern noch von Käufern der Roßhaare überschritten werden. Die Höchstpreise sind durch die Heeresstandortverwaltungen zu ermitteln und der Truppe jeweils bekanntzugeben.

45. Der Kötenzopf ist ein natürlicher Schutz für die empfindliche Haut in der Fesselbeuge gegen Nässe und Schmutz. Ein Abscheren ist daher vom hygienischen Standpunkt aus nicht zu empfehlen. Übermäßig lange Kötenzöpfe (hauptsächlich bei Kaltblütern) sind jedoch zu kürzen, um eine bessere Reinigung und Trocknung der Fesselbeuge vornehmen zu können.

26

46. Von den Haaren an der Innen-fläche des Ohres, die als Schutz gegen das Eindringen von Fremdkörpern (Staub, Fliegen und dergl.) dienen, dürfen nur die über die Ohrmuschel herausragenden abgeschnitten werden. Niemals soll man die Tasthaare am Maul und an den Nasenöffnungen durch Abschneiden oder gar Ausreißen entfernen.

e) Eindecken der Pferde.

47. Das Eindecken gesunder Dienst-pferde im Stall und unter gewöhn-lichen Verhältnissen ist verboten. Es kommt nicht auf ein dünnes, sondern auf gesundes Haar und darauf an, daß das Truppenpferd in zweck-mäßiger Weise abgehärtet ist.

Das Streben nach Erhaltung eines kurzen und glatten Haares im Winter verführt vielfach zum Eindecken der Pferde mit dem Woilach im Stall. Die für das Truppenpferd unbedingt notwendige Abhärtung kommt hierdurch zu kurz, da das Eindecken im Stall nur zur Verweichlichung und zur Minderung der Widerstandskraft gegen Krankheiten führt.

Müssen solche Pferde dann bei ungünstiger Witterung ohne Decken Dienst leisten oder im Freien stehen, so sind sie leicht Erkältungen ausgesetzt. Sie werden bei solchen Gelegenheiten leicht rauh im Haar. Im übrigen widerspricht das Bestreben nach kurzen und glatten Haaren im Winter auch den Gesetzen der Natur, die den Pferden nicht ohne

27

Grund ein längeres und dichteres Winterhaar zum Schuße gegen Kälte und Nässe gegeben hat.

48. Das Eindecken ist nur a u s n a h m s w e i s e bei zu kaltem Stall (unter 10 Grad Celsius) oder nach Rückkehr der Pferde im nassen und verschwißten Zustand in den Stall anzuordnen.

Wenn vorhanden, sind zum Schuße gegen Insekten Sommerdecken vorteilhaft. Es ist nicht der Zweck des Woilachs, als Schutz gegen Vollstauben der Pferde zu dienen. Auch als Mittel im Frühjahr den Haarwechsel zu beschleunigen, ist das Eindecken ebenso wie das gewaltsame Auspußen oder Ausziehen der Winterhaare zu verwerfen, da bei Kälterückschlägen dann erhebliche Störungen und Verzögerungen des Haarwechsels eintreten können. Das Winterhaar muß von selber ausfallen.

f) Scheren der Pferde.

49. Das S c h e r e n d e s g a n z e n P f e r d e - k ö r p e r s ist nur notwendig bei Hautkrankheiten und bei Parasitenbefall. Es kann sich ferner günstig auswirken bei Pferden, die ein besonders langes und dichtes Winterhaar haben und dadurch stark in Schweiß geraten. Durch das Scheren kann bei solchen Pferden das im Stall auftretende schädliche Nachschwitzen verhütet und die Hautpflege besser durchgeführt werden.

D a s S c h e r e n d e s P f e r d e k ö r p e r s i s t d a h e r n u r i n i n A u s n a h m e f ä l l e n, b e i g e s u n d e n P f e r d e n a u f A n o r d - n u n g d e s F ü h r e r s d e r E i n h e i t, b e i k r a n k e n a u f A n o r d n u n g d e s V e t e r i - n ä r o f f i z i e r s a u s z u f ü h r e n.

g) Bandagieren der Pferde.

50. Ein Bandagieren ist bei gesunden Pferden nicht notwendig und zum Dienst in der Truppe im allgemeinen verboten. Eine Ausnahme kann nur bei einzelnen Pferden in begründeten Fällen auf Anordnung des Führers der Einheit nach Rücksprache mit dem Veterinäroffizier gemacht werden. Ein Unterstützen der Sehnen gegen Dehnungen und Zerrungen bildet das Bandagieren nicht. Es bedeutet lediglich einen Schutz gegen äußere Verletzungen durch Klopfen oder Streichen. Es kann sogar von großem Nachteil sein, wenn die Bandagen nicht sachgemäß angelegt sind. Zu fest angelegte Bandagen erzeugen Blutstauung. Bandagenfalten rufen Druckschäden auf der Haut hervor. Zu hoch angelegte Bandagen (zu nahe am Vorderfußwurzelgelenk) können Bewegungsstörungen hervorrufen.

Beim Reiten durch tiefen Sand ist besondere Vorsicht geboten, da zwischen Bein und Bandage geratene Sandkörner leicht Scheuerungen und Entzündungen der Haut hervorrufen können. Nach Durchreiten durch Wasser soll man möglichst die Bandagen abnehmen, da sie sich beim Trocknen zusammenziehen und so die Blutzirkulation hindern.

Ein Bandagieren der Pferde ist nur durch sachkundige Hand vorzunehmen. Nach Abnahme der Bandagen ist ein Massieren der Beine angebracht.

51. Für das Bandagieren zum Reiten benutzt man eine 1½—2 Meter lange und 10 Zentimeter breite wollene Bandage. Die Bandage ist zunächst sorgfältig fest und gerade zusammenzurollen. Eine schief oder zu locker aufgerollte Bandage rollt sich schlecht ab. Alle störenden Fremdkörper (Sand, Strohhalme) sind aus der Bandage und vom Pferdebein zu entfernen. Beim Anlegen der Bandage muß das Pferd mit dem Bein fest durchtreten. Man legt die Bandage an das Bein an, dann wickelt man die wollene Bandage von oben nach unten und von rechts nach links bis an den Fesselkopf und wieder aufwärts bis etwa zur halben Höhe, wobei die Wicklungen etwas schräg gelegt werden. Die Fessel bleibt frei. Es ist besonders darauf zu achten, daß die Bandagen beim Wickeln völlig glatt und gleichmäßig anliegen, daß sich keine Falten bilden und daß sie nirgends drücken, da sonst Stauungen auftreten. Bei gut angelegten Bandagen erscheint das Bein überall gleichmäßig dick. Ein sorgfältiges Zubinden ist besonders wichtig. Mit den Bändern, die mit dem Fingernagel glatt gestrichen werden, darf das Bein nicht eingeschnürt werden. Die Schleife darf nur in sich fest angezogen werden. Die Knoten müssen außen sitzen. Die Enden der Schleife müssen gut gesichert und weggesteckt werden.

C. Stallpflege.

52. Die Stallpflege umfaßt alle Maßnahmen, die den Stall in einen für die Gesundheit und Leistungsfähigkeit der Pferde geeigneten Zustand bringen. Die wichtigsten dieser Maßnahmen sind:

a) richtige Lüftung,

b) Sorge für Sauberkeit, Helligkeit und Trockenheit,

c) Schaffen einer guten Lagerstätte für die Pferde.

a) Lüftung.

53. Das Lüften des Stalles hat den Zweck:

a) Die verbrauchte, durch Staub, schädliche Gase und unter Umständen durch Krankheitskeime verunreinigte Luft aus dem Stall zu entfernen,

b) dem Stall dafür reine, frische Luft zuzuführen,

c) übermäßigen Feuchtigkeitsgehalt der Stalluft zu vermeiden oder zu vermindern,

d) die Luftwärme im Stall (Stalltemperatur) zu regeln.

54. Trockene, mäßig warm gehaltene und gut gelüftete Stallungen tragen wesentlich zum Wohlbefinden und zur Abhärtung unserer Pferde bei, die den größten Teil des Tages im Stall verbringen. Junge Remonten waren vor ihrer Überweisung zur Truppe an Freiluftaufenthalt gewöhnt und haben daher ein besonderes Bedürfnis nach guter Luft.

55. Der dauernde Stallaufenthalt macht die Pferde feinhäutig und für Witterungsumschläge besonders empfindlich, da die Luftbewegung im Stalle fast völlig ausgeschaltet ist.

Die Lüftung muß daher planmäßig so durchgeführt werden, daß die Pferde von kalten Winden

nicht unmittelbar getroffen werden, daß aber trotzdem alle Teile des Stalles von Frischluft durch-
strömt sind. Es ist ebenso falsch, einen Stall nur
immer warm zu halten, ohne sich um die Beschaffenheit der Stalluft zu kümmern, als etwa anzu-
nehmen, allen Lüftungsansprüchen genügt zu
haben, wenn der Stall nur kalt ist. Ein zu kalter
Stall zwingt die Pferde, einen Teil des Futters
zur Wärmebildung zu verbrauchen und macht sie
rauh und unansehnlich im Haar. Ein zu warmer
Stall verweichlicht die Pferde und setzt ihre Widerstandsfähigkeit gegen äußere Krankheitseinflüsse
herab.

Die den Pferden zuträglichste
Stalltemperatur liegt zwischen 10
und 12 Grad Celsius. Der Wärmegrad ist
nicht nach dem Gefühl zu messen, sondern nur
durch ein Thermometer zu ermitteln.

Das Thermometer, das in der Mitte des
Stalles aufzuhängen ist, darf niemals
fehlen.

56. Man unterscheidet waagerechte Lüftung durch
Fenster und besondere Öffnungen sowie senkrechte
Lüftung durch Lüftungsvorrichtungen in der Decke
(Dunstschlote).

Im Sommer hat die senkrechte Lüftung den
Vorteil, daß gerade die wärmste, im oberen Teil
des Stalles befindliche Luft entfernt wird.

Lüftet man bei kalter Außentemperatur fälsch-
licherweise nur durch die Fenster oder seitlichen
Luftöffnungen, so wird die warme Luft des Stalles
an der ganzen Decke plötzlich abgekühlt und der
darin enthaltene Wasserdampf in Form von Ne-

bel, d. h. als Wasser, teils an die Decke, teils auf die Pferde niedergeschlagen. Lüftet man dagegen bei großer Kälte senkrecht, so entweichen die im oberen Teil des Stalles vorhandenen Gase und die schlechte, auch warme Luft nach oben; die frische Luft tritt bei richtiger Weite der Dunstschlote aber nicht durch diese selbst, sondern allmählich von allen Seiten, von den Wänden, Türen, Fenstern und so weiter her ein; der starke Niederschlag des Wasserdampfes wird dadurch vermieden.

57. Die seitlichen Luftzüge dicht unter der Decke dienen zum Luftausgleich in horizontaler Richtung. Bei günstiger Witterung sind sie stets offen zu halten, nur bei stürmischem oder sehr kaltem Wetter, bei anhaltendem Regen oder bei Schneegestöber sind sie zu schließen. Nach außen zu sind diese Luftzüge mit einem Drahtgitter zu versehen. Das Verstopfen der seitlichen Luftzüge mit Stroh oder ähnlichem hat auch im Winter zu unterbleiben.

58. In bedeutend ergiebigerem Maße als durch die Dunstschlote und seitlichen Luftzüge wird die Lüftung durch das Offenhalten der Fenster gefördert. Im allgemeinen sind die Fenster bei günstiger Witterung stets offen zu halten. Kurz vor dem Einrücken der vom Dienst meist erhitzten Pferde in den abgekühlten Stall sind die Fenster und Türen zu schließen und nach der Erwärmung der Stalluft wieder zu öffnen.

59. Die hauptsächlichste und gründlichste Lüftung hat zu erfolgen, wenn sich die

Pferde bei der Arbeit befinden. Sämtliche Lüftungsvorrichtungen (auch Türen) sind dann so lange offen zu lassen, bis die Pferde in den Stall zurückkehren.

60. Wird gelüftet, während die Pferde im Stall sind, so ist bei windigem Wetter möglichst die dem Winde abgekehrte Fensterseite zu öffnen, bei Windstille, Sonnenschein und kühlem Wetter die Sonnenseite; in beiden Fällen am besten über leerstehenden Pferdeständen. Wechsel in der Auswahl der zu öffnenden Fenster kann geboten sein, damit nicht ein und dieselben Pferde allzu lange dem Eintritt kalter Luft ausgesetzt sind; durch Öffnen gegenüberliegender Fenster darf keine Zugluft entstehen. Daß mit einer ordentlichen Lüftung oft starker Wärmeverlust für den Stall verbunden ist, läßt sich nicht vermeiden; es ist aber immer besser, daß der Stall ein paar Grad kälter als zu wenig gelüftet ist. Auch während der Nacht ist auf Erhaltung guter Stalluft zu achten.

Schwieriger als im Winter den Stall warm, ist es im Sommer, ihn kühl zu halten. Gründlich gelüftet wird am zweckmäßigsten dann nur in den frühen Morgenstunden.

Besprengen der Stallgasse mit Wasser hat nur vorübergehende Abkühlung zur Folge und nur dann Zweck, wenn gleichzeitig ein geringer Luftdurchzug hergestellt wird; sonst sättigt sich die Stalluft mit Wasserdampf; mit Wasserdampf gesättigte, „schwüle" Luft ist aber lästiger als trockene Wärme.

61. Die gute Luftbeschaffenheit im Stalle hängt auch von der Reinlichkeit im Stalle selbst ab.

Eine rechtzeitige Entfernung der tierischen Ausscheidungen ist vor allen Dingen notwendig. Der Dung ist aus der Streu baldmöglichst zu entfernen, die vollen Dungkarren sind häufig abzufahren. Das ständige Sauberhalten der Stallgasse, der Jaucheabflußrinnen und der Krippen sowie das öftere Abkehren der Wände und Putzen der Fenster ist eine dringende Notwendigkeit.

b) Licht und Beleuchtung.

62. Das Pferd braucht, wie der Mensch, zu seinem Wohlbefinden L i c h t. Ein dunkler Stall ist naturwidrig. Übertriebene Helligkeit, grelles Licht ist aber auch nicht am Platze. So sehr bei der Abwartung des Pferdes große Helligkeit erwünscht ist, so ist doch für die lange Zeit der Stallruhe ein etwas gedämpftes Licht angebrachter (mattes Färben), hauptsächlich da, wo das Licht von vorn in die Augen fällt. Auch sind die Fliegen in einem sehr hellen Stalle lästiger.

63. Die Frage der Beleuchtung ist in fast allen Ställen durch das Anbringen von elektrischen Lichtanlagen einheitlich geregelt. W ä h r e n d d e r N a c h t s o l l d e r S t a l l j e d o c h d u n k e l g e h a l t e n w e r d e n. Der dunkle Stall gewährleistet für die Pferde eine größere Nachtruhe. Nur von Zeit zu Zeit kann durch die Stallwache zu Kontrollzwecken und zum Herausschaffen des Dunges aus den Ständen Licht eingeschaltet werden. Unerläßlich ist es, daß für den Fall des Versagens der elektrischen Lichtleitung eine g u t leuchtende Handlaterne zur Verfügung steht. Es empfiehlt sich, während der Dunkelheit eine brennende Handlaterne in einen sauberen leeren Eimer zu stellen. Auf diese Weise ist eine brennende Laterne zur Hand, und die Nachtruhe der Pferde wird nicht gestört.

64. Besondere Aufmerksamkeit ist den elektrischen Anlagen zu widmen. Schäden an der Leitung sind sofort zu melden. Pferde sind gegen den elektrischen Strom derart empfindlich, daß bei Berührung mit einer schadhaften Leitung sehr leicht der Tod eintreten kann.

c) Streu.

65. Die Streu soll dem Pferde als weiches, elastisches, trockenes und warmes Lager dienen, auf dem es Hufe und Beine schonen und seinen Körper ausruhen kann.

66. Man unterscheidet Dauer= oder Matratzenstreu und Wechselstreu. In den Dienststallungen ist durchweg die Matratzenstreu eingeführt, nur vorübergehend wird dieselbe durch Wechselstreu ersetzt.

67. Die Erneuerung der Matratze hat jährlich zweimal, und zwar im Frühjahr und im Herbst zu erfolgen. Vor Anlage der Matratze müssen die Ställe gründlich gereinigt und desinfiziert werden. Die Stallsohle muß vollständig trocken sein.

Als Unterlage der Streu wird zweckmäßig eine Lage von faserigem und trockenem, staubfreiem Torf oder von trockenen Sägespänen benutzt. Diese Unterlage ist gleichmäßig auf die Stallsohle auszubreiten und zu einer etwa 10 Zentimeter hohen Schicht festzustampfen oder festzuwalzen. Auf diese Unterlage kommt eine dicke Schicht Stroh. Am besten eignet sich hierzu grobhalmiges Roggenstroh (Richt- oder Maschinenglatt- oder Preßlangstroh). Weizen- oder Haferstroh ist nur ausnahmsweise zu verwenden.

Bei Anlage und weiterer Behandlung erfordert die Matratzenstreu viel Sorgfalt und Verständnis. Eine schlechte Matratze ist für die Pferde lästig, sie kann gesundheitsschädlich sein. Die Streu wird schlecht durch Nässe, die hauptsächlich durch mangelhafte Lüftung der Ställe bedingt ist, durch Fäulnis- und Gärungsvorgänge, durch ungleichmäßige Wärmeentwicklung, wenn die Streu zu lange liegt und zu hoch wird, ferner durch Beimischung von Kotballen und Sand sowie durch Aufwirbeln von viel Staub, durch Pilze aller Art und durch Verwendung verdorbenen Strohs.

Bei der weiteren Behandlung der Matratzenstreu ist zur Vermeidung schlechter Stalluft jedes unnötige Umstechen oder Durchmischen der Streu verboten. Es ist für ein möglichst rasches Entfernen sämtlicher frischer Kotballen und für eine gleichmäßige, feste und trockene Beschaffenheit der Matratze zu sorgen. Etwaige nasse Stellen — bei Wallachen in der Regel in der Mitte, bei Stuten am hinteren Teil des Standes — sind vorsichtig auszustechen und durch frische Unterlagen und trockene Streu zu ersetzen.

Je nach Bedarf sind die Unterlagen und die alte Streu festzustampfen und auszugleichen, bevor frisches Stroh eingestreut wird.

68. Wenn das Pferd richtig ausruhen soll, muß der Schwerpunkt des Pferdes im Stehen so gelegen sein, daß es möglichst gleichmäßig durch die 4 Gliedmaßen gestützt wird. Das Pferd muß also in der Streu möglichst eben stehen. Da die Bodenfläche der Pferdestände sich nach hinten senkt, so ist diesem Umstand dadurch Rechnung zu tragen, daß der rückwärtige Teil der Streu etwas höher angelegt wird. Ist die Streu vorn tiefer, dann tritt eine stärkere Belastung der Vordergliedmaßen ein.

69. Bei einer sauberen Matratze muß die obere Lage aus trockenen, gut erhaltenen Strohhalmen bestehen und die untere, schon mehr oder weniger zersetzte oder zerfallene Schicht derartig bedecken, daß die Pferde möglichst wenig von letzterer aufnehmen können. Der vordere Teil der Matratze (unter der Krippe) soll nur aus gutem Stroh bestehen, da dieser Teil der Streu von den Pferden als Nahrung aufgenommen wird.

70. Das Trocknen nasser Streu unter der Krippe ist gesundheitsschädlich und daher verboten. Nasse Streu ist leicht aufzuschütten und rückwärts unter den Trennbäumen zu trocknen.

71. Das Stroh muß beim Einstreuen ordentlich gebrochen werden, Knoten und etwa vorhandener Bindedraht sind zu entfernen. Vor dem Gebrauch spitzer eiserner Streugabeln

wird wegen leicht vorkommender Verletzungen des Pferdes gewarnt.

72. Die Wechselstreu ist von Zeit zu Zeit bei trockener, frostfreier Witterung zum Austrocknen aus dem Stalle zu entfernen, der Fußboden ist sorgfältig zu reinigen und mindestens einmal monatlich mit verdünntem Kresolwasser (2%ig) oder dergleichen zu waschen.

73. Die Abzugrinnen im Stall sind durch häufiges Reinigen sowie durch sofortiges Ausbessern etwa entstandener Vertiefungen, in denen Wasser oder Urin stehen bleibt, trocken zu halten.

d) Sonstiges.

74. Starke Fliegenplage macht den Pferden den Aufenthalt im Stall zur Qual. Durch die ständigen Abwehrmaßnahmen ist ein gründliches Ausruhen der Pferde unmöglich. Zur Bekämpfung der Fliegen ist vor allen Dingen die Entwicklung ihrer Eier und Larven zu unterbinden. Dies geschieht zweckmäßig dadurch, daß man den frischen Dünger in der Dunggrube unterpackt. Durch die hierdurch entstehende hohe Wärme werden die Eier und Larven vernichtet. Die Wände, Decken und elektrischen Leitungen im Stall sind im Frühjahr (März—April) von den noch Winterschlaf haltenden Fliegen gründlich zu säubern. Im Sommer sind möglichst viel Fliegenfänger (Leimpapier) aufzuhängen, die häufig zu erneuern sind. Etwa vorhandene Schwalbennester sind in den Ställen zu belassen. Das Nisten der Schwalben ist möglichst zu fördern.

Ein besonders wichtiges Mittel zum Vermeiden starker Fliegenplage ist größte Reinlichkeit in den Ställen, vor allem der Futtertische und -krippen.

75. Gegen das Überhandnehmen von Ratten und Mäusen ist das Halten von Katzen das beste Mittel.

76. Die Stallgassen werden mit der Zeit durch die Abnutzung des Bodenbelags abgeschliffen. Hierdurch und durch die Auflagerung von Schmutz und Pferdestaub entsteht große Glätte. Die Pferde rutschen auf einem solchen Boden leicht aus und stürzen. Ein ständiges Sauberhalten und eine öftere gründliche Reinigung (heiße Sodalauge) der Stallgassen ist daher notwendig. Bei großer Glätte ist ein Bestreuen der Stallgasse mit feinem feuchtem Sand empfehlenswert.

77. Die Anbindevorrichtungen sollen so eingerichtet sein, daß die angebundenen Pferde den Hals strecken, den Kopf heben und ohne Mühe das Futter erreichen können. Zu langes Anbinden ermöglicht es den Pferden, aus der Nebenkrippe zu fressen. Hierdurch wird Beißen und gegenseitiges Schlagen hervorgerufen und Futterneid anerzogen. Die Pferde können mit den Füßen in der Anbindekette hängenbleiben und sich verletzen (Kettenhang).

Die Anbindekette muß in einem beweglichen Ring am Laufsteg, der sich unterhalb der Krippe befindet, gut befestigt sein.

78. Die einzelnen Stände der Pferde sind durch Trennbäume abgeteilt, die in einer bestimm-

ten Höhe (90—100 cm) über dem Fußboden ange=
bracht sind (s. Garnison=Gebäudeordnung [G.G. I]
H.Dv. 35 Nr. 144). Durch die Matratzenstreu ver=
ringert sich mit der Zeit jedoch die vorgeschriebene
Höhe, die Pferde können dann leicht übertreten,
die Trennbäume schützen dann auch nicht mehr
gegen Schlagen. Es ist daher notwendig, daß die
Trennbäume eine Mindesthöhe von 50—60 cm über
der Matratzenstreu haben. Bei Anlegen der Ma=
tratzenstreu ist dies zu berücksichtigen, zu hohe
Streu ist zu vermeiden.

Die Aufhängevorrichtungen sind in
Ordnung zu halten, um nötigenfalls die Trenn=
bäume rasch lösen zu können.

Die Trennbäume in den Dienststallungen sind
fast durchweg aus Eisen; es ist daher ratsam, die
rückwärtige Hälfte mit Stroh einzuflechten, um
beim Anschlagen Verdickungen oder Verletzungen
der Pferdebeine zu vermeiden. Namentlich bei
jungen Remonten und Pferden, die futterneidisch
sind, ist das Umflechten der Trennbäume, unter
Umständen auch der Standsäulen, bis etwa 1 m
Höhe angebracht.

79. Die Selbsttränkevorrichtungen,
die in neueren Dienststallungen vorhanden sind,
müssen sauber gehalten werden. Es ist darauf zu
achten, daß sie ständig betriebsfähig sind. Abstellen
der Selbsttränken während der meisten Zeit des
Tages widerspricht ihrem Zweck. Es ist nur bei
spielerischen Pferden angebracht. Die Pferde müssen
so angebunden sein, daß sie an die Wasserbecken
heran können.

80. In der Futterkammer ist nur der Hafer für eine Tagesration in einer gut verschlossenen Kiste vorrätig zu halten, da der Hafer bei längerer Lagerung den Stallgeruch annimmt und schimmelig wird. Die Futterkammer ist sauberzuhalten; sie muß ständig durchlüftet werden. Die Haferkiste ist von Zeit zu Zeit gründlich mit heißem Wasser zu reinigen und auszulüften.

81. Der übrige Hafer ist in einem gut verschließbaren, sauberen, luftigen Raum mit glattem, ganz trockenem Boden in möglichst dünner Schicht (höchstens 30—40 cm tief) aufzuschütten und von Zeit zu Zeit umzuschaufeln, damit ein Durchlüften stattfindet. In feuchten oder ungelüfteten Räumen oder beim Lagern in Säcken oder tiefer Schicht verdirbt Hafer schnell.

82. Das Rauhfutter muß gleichfalls in trockenen, luftigen Räumen gelagert werden. In den Lagerräumen muß größte Ordnung und peinlichste Sauberkeit herrschen.

Preßballen von Heu oder Stroh sind auseinanderzunehmen und nach Prüfung der einwandfreien Beschaffenheit lose zu lagern.

D. Stalldienst.

83. Die Truppenpferde sind im Stall im Winter nach den Reitabteilungen, im Sommer nach Beritten, Zügen usw. unterzubringen. Remonten und Krümperpferde sollen, soweit dies möglich ist, in besonderen Stallungen untergebracht werden. Jede weitere Umstellung ist nach Möglichkeit zu vermeiden.

84. Zur Erleichterung der Übersicht und zur Erhaltung der Ordnung sind die einzelnen Stände mit fortlaufenden Nummern zu versehen. Für jedes Pferd ist eine N a m e n s t a f e l, die Name, Geburtsjahr, Zuchtgebiet, Züchter und Abstammung, unter Umständen auch Turniererfolge enthält (Muster s. Anlage 1), über der Standmitte aufzuhängen.

In der Mitte der Stallgasse ist bei jedem Beritt usw. eine B e r i t t a f e l aufzuhängen (Muster s. Anlage 1).

85. Beißer oder Schläger sind nach Möglichkeit allein oder in eine Ecke zu stellen. Unter der Namenstafel ist eine W a r n u n g s t a f e l anzubringen.

86. Die Stallgeräte sind an einem bestimmten Aufbewahrungsort unterzubringen. Nach ihrem Gebrauch müssen sie sofort wieder dorthin zurückgebracht werden.

87. Die Pferde= und Tragtierausrüstung muß den Bestimmungen gemäß aufgehängt sein.

88. Den S t a l l d i e n s t b e a u f s i c h t i g t nach Weisungen des Kompanie= usw. Chefs ein Wachtmeister oder älterer Unteroffizier (S t a l l ä l t e s t e r). Es empfiehlt sich, den Stallältesten jeweils auf die Dauer von einem Monat, wenigstens aber auf die Dauer einer Woche zu kommandieren. Der Stallälteste hat für Ordnung und Sauberkeit im

Stall sowie für die sachgemäße Pflege der Pferde Sorge zu tragen. Besondere Vorkommnisse, wie Erkrankung von Pferden usw., meldet er dem Oberfeldwebel (Oberwachtmeister) oder dem Kompanie- usw. Chef unmittelbar, bei Erkrankungen oder Verletzungen, die schnelle tierärztliche Hilfe erfordern, gleichzeitig dem Veterinäroffizier.

Ist die Kommandierung eines besonderen Stallältesten aus dienstlichen Gründen nicht möglich, so kann auch der Futtermeister den Stalldienst beaufsichtigen. Ihm obliegen dann die in Nr. 88 und 89 angeführten Dienstverrichtungen. Zu seiner Unterstützung wird ihm ein Stall-Gefreiter zugeteilt, der ihn im Dienst vorübergehend vertreten kann und im übrigen nach seinen Weisungen arbeitet.

89. Der Futtermeister hat über die Futtermittel zu wachen, er hat für deren sichere Lagerung und Ausgabe zu sorgen.

Der Dienst des Futtermeisters erfordert genaue Kenntnis des Pferdes, seiner besonderen Eigenarten sowie Kenntnis der am häufigsten vorkommenden Krankheiten und der ersten Hilfeleistung bei Krankheiten und Unglücksfällen. Er muß genaue Kenntnis der Pferde- und Tragtierausrüstung besitzen, insbesondere über die Pflege und das Verpassen derselben. Zum Futtermeister sind nur solche Unteroffiziere geeignet, die durchaus zuverlässig und willensstark sind, sowie Lust und Liebe zu ihrem Sonderdienst haben. Der Futtermeister verteilt das Futter auf die einzelnen Pferde nach ihrem Kräfte- und Futter-

44

zustand, er beobachtet die Pferde auf ihre Futter=
verwertung. Dem Kompanie= usw. Chef macht er
Vorschläge über Einsparen oder Erhöhen der
Futterrationen. Zweckmäßig wird dies in Listen
niedergelegt und wöchentlich überprüft. In Zeiten
geringer Anstrengungen (Winter) kann Futter ein=
gespart werden, um das ersparte Futter dann in
Zeiten vor, während und nach schwerer Arbeit zu=
schießen zu können. Beim Futterempfang hat der
Futtermeister möglichst oft anwesend zu sein, um
Beanstandungen rechtzeitig zur Sprache bringen zu
können.

90. Der Berittführer ist der Gehilfe des
Futtermeisters und des Stallältesten. Der Beritt=
führer ist für seinen Beritt verantwortlich. Er muß
die Grundsätze der Pferdepflege voll beherrschen
und hat die Pferdepfleger beim Stalldienst zu über=
wachen. Bei jedem Stalldienst läßt er zunächst durch
die Pferdepfleger die Pferde gründlich nachsehen.
Den Befund läßt sich der Berittführer melden und
meldet ihn an den Stallältesten weiter. Der Beritt=
führer ist verantwortlich für den guten Zustand
der Pferde und Tragtierausrüstung sowie des
Stallgeräts seines Beritts. Für rechtzeitige In=
standsetzung hat er Sorge zu tragen. Ein Haupt=
augenmerk hat er auf den richtigen Sitz der Stall=
halftern zu richten.

In kleineren Stallungen, oder soweit die Beritt=
führer (Geschützführer) zur Weiterbildung in ande=
ren Dienstzweigen benötigt werden, können sie vom
Stalldienst befreit werden. In diesem Falle ist die
Sorge für die Pferde dem Futtermeister zu über=
lassen.

91. Die Stärke der Stallwachen richtet sich nach der Zahl der Pferde und der Stallanlagen. Auf etwa 50 Pferde ist ein Mann zu kommandieren. Für jede baulich in sich geschlossene Stallabteilung mit mehr als 10 Pferden ist für die Nacht eine Stallwache zu kommandieren. Die Wache steht unter dem Befehl eines Unteroffiziers oder Gefreiten, der die Einteilung der einzelnen Posten vornimmt. Der Stallwachhabende schreibt die Namen der einzelnen Posten auf die dazu bestimmte Stalltafel und in das Stallwachbuch. Er läßt sich von seinem Vorgänger die Stallgerätschaften nach dem in jedem Stalle hängenden oder dem Stallwachbuch vorgehefteten Verzeichnis übergeben und meldet Fehlendes dem Oberfeldwebel (Oberwachtmeister). Der Stallwachhabende hat den Dienst der Stallwache zu überwachen. Er ist für alles, was sich im Stalle zuträgt, verantwortlich.

Die Stallwache versieht ihren Dienst im Stallanzug. Der Stallwachhabende trägt den Säbel oder das Seitengewehr.

Die Stallwache, die keine Wache im Sinne der Wachvorschrift ist, tritt in der Regel ihren Dienst am Mittag nach dem Füttern an. Die Posten werden im allgemeinen alle zwei Stunden abgelöst. Der Stallwachhabende und die nicht auf Posten stehenden Mannschaften dürfen sich nachts im Stalle niederlegen.

Die Stallwache ist für die Ordnung im Stalle verantwortlich; sie hat den Stall sauberzuhalten, zu lüften, sowie ein Losreißen, Beißen und Schlagen der Pferde zu verhindern. Der Dung ist bei Tage aus dem Stall, bei Nacht aus dem Stande zu entfernen. Es ist ständig zu kontrollieren, ob die Pferde richtig angebunden sind und ob das Halfter richtig sitzt. Losgekommene Pferde sind mit Ruhe wieder einzufangen und langsam in den Stand zurückzuführen. Ausgehakte und heruntergefallene Trennbäume sind sofort wieder einzuhängen. Pferden, die über den Trennbaum getreten oder in der Anbindekette hängengeblieben sind, ist sofort Hilfe zu bringen. Die Stallwache muß namentlich nachts möglichst geräuschlos arbeiten. Nach dem Abendstalldienst und vor dem Morgenstalldienst sind die Pferde gründlich satt zu tränken. Bei plötzlichen Erkrankungen von Pferden ist sofort dem Stallwachhabenden und dem Oberfeldwebel (Oberwachtmeister) Meldung zu erstatten, bei Erkrankungen oder Verletzungen, die rasche tierärztliche Hilfe erfordern, gleichzeitig dem Veterinäroffizier.

Rauchen und Anzünden von Laternen im Stalle ist verboten. Die Stalllaternen (s. Nr. 63) sind außerhalb des Stalles anzuzünden.

92. Anhalt für die Zeiteinteilung des Stalldienstes siehe Anlage 2.

Imperator

Vater: Sultan   Mutter: Asta
Züchter: Max Schmidt
Elmshorn = Holstein
geb. 17. 3. 1926.
Remonteamt: Mecklenhorst.
Turniererfolge:

II. Beritt.

Berittführer: Unteroffizier Großer
Reitpferde: 12
Zugpferde: 4

Bei Neufertigung sind die Tafeln nach Größe Din A. 4.
= 210 × 297 zu fertigen.

Zeiteinteilung des Stalldienstes
(Anhalt).

3⁴⁵ Uhr   Tränken } durch die Stallwache.
4³⁰ Uhr   Füttern }
5—5⁴⁵ Uhr   Streu ordnen, Pferdepflege durch die Pferdepfleger.

Vor dem Ausrücken zum Dienst:

6¹⁵ Uhr   Satteln und Schirren } durch die
6⁴⁵ Uhr   Herausziehen zum } Pferde=
          Anspannen usw. } pfleger.
7 Uhr   Abrücken.

Nach dem Einrücken vom Dienst:

11—12 Uhr   Abschirren, Pferdepflege }
          Stallpflege, Tränken, } durch die
          Heuvorlage } Pferde=
          Reinigen der Pferde= und } pfleger.
          Tragtierausrüstung }
12—12¹⁵ Uhr   Füttern, Tränken } durch die
          Streu ordnen } Pferdepfleger.
14—15 Uhr   Tränken, Zwischenfutter durch die
          Stallwache.
17—18 Uhr   Füttern, Tränken, }
          Stallpflege } durch die
          Einstreuen } Pferdepfleger.
20—21 Uhr   Nachtränken, Heuvorlage durch die
          Stallwache.

Sonntags ist der Frühstalldienst von 7 Uhr ab auf 2 Stunden auszudehnen, dafür findet der Mittagsstalldienst nur ½ Stunde statt.

III. Füttern und Tränken.

A. Füttern.

93. Die Leistungsfähigkeit des Pferdes hängt wesentlich von der Ernährung ab. Pferde gut zu ernähren und satt zu tränken, muß daher der oberste Grundsatz der Pferdepflege sein.

94. Freßlust und gute Futterverwertung gehören zu den unerläßlichen Eigenschaften eines guten Truppenpferdes.

Schlechte Fresser und Futterverwerter sind auf die Dauer großen Anstrengungen nicht gewachsen, sie versagen schon nach kurzer Zeit im Dienst. Breite, tiefgerippte Pferde sind im allgemeinen die besten Futterverwerter, während schmalbrüstige, hochbeinige Pferde meistens schlechte Futterverwerter sind.

95. Ernährung und Arbeit des Pferdes stehen in Wechselwirkung. Ohne ausreichendes Futter kann das Truppenpferd die von ihm verlangte Arbeit nicht leisten. Ohne zweckentsprechende Arbeit kann auch die beste Ernährung wohl Fett und Stallmut, nicht aber Muskeln und Ausdauer erzeugen. Das Füttern muß also der Arbeitsleistung entsprechen; dabei darf nicht gleichmäßig bei jedem

Pferde verfahren werden, sondern der Eigenart des einzelnen Pferdes, seiner Gebrauchsart und seinem Kräfte= und Futterzustand ist Rechnung zu tragen.

96. Die Menge des zur Verfügung stehenden Futters ist nicht allein ausschlaggebend. Neben ständiger Beobachtung des Pferdes während des Dienstes und im Stall ist eine möglichst gleich= mäßige Fütterungszeit und eine zweck= entsprechende dienstliche Beanspruchung für jedes Pferd durchzuführen. Außerdem ist auch ein rich= tiges Füttern von größter Bedeutung. Nicht nur verdorbene und ihrer Art nach ungeeignete, sondern auch an sich ganz einwandfreie Futter= mittel können, wenn sie in unrichtiger Form oder in unzulässigen Mengen gegeben werden, schwere Erkrankungen und Verluste hervorrufen.

97. Für die Kompanie= usw. Chefs und die Veterinäroffiziere ist es eine unbedingte Notwendigkeit und eine sehr dankbare Aufgabe, die Pferdepfleger, besonders aber die Futtermeister für eine sachgemäße Fütterung heranzubilden. Wenn jeder Mann zum selbständigen und denkenden Pferde= pfleger erzogen worden ist, dann wird Nähr= und Kräftezustand der Pferde und ihre Leistungsfähig= keit dauernd auf der Höhe sein.

98. Liegen keine besonderen Dienstverhältnisse vor, so sind die festgesetzten Futterzeiten einzuhal= ten. Der Pferdemagen ist verhältnismäßig klein; er kann große Futtermengen nicht auf ein=

mal fassen. Eine Verabfolgung des Futters in kleinen Mengen, auf mehrere Mahlzeiten (mindestens 3—4mal täglich) verteilt, ist daher angezeigt.

Den größten Teil des Futters gibt man vor der längsten Ruhepause (Abendfutter), denn in der Ruhe verdauen die Pferde am besten, und die Nährstoffe werden gründlicher ausgenutzt. Soweit möglich, soll man im allgemeinen die Pferde erst zwei Stunden nach jedem Futter arbeiten lassen. Vor jedem Futterschütten sind etwa vorhandene Reste des vorhergehenden Futters sorgfältig zu entfernen, da sie meist feucht, mit Speichel durchsetzt und häufig angesäuert oder sauer geworden sind.

99. Für die vollkommene Aufnahme der Futtermittel sowie für ihre Verdauung und Ausnutzung ist es wichtig, daß die Pferde während des Fressens nicht durch Putzen belästigt oder abgelenkt werden und daß während dieser Zeit im Stalle möglichst Ruhe herrscht. Die Ausgabe des Futters muß daher möglichst rasch und geräuschlos vor sich gehen. Futterneidische Pferde sind kurz anzubinden und nach Möglichkeit zuerst zu füttern.

100. Mit der derzeitigen Futterration läßt sich im allgemeinen ein zufriedenstellender Nähr- und Kräftezustand erreichen. Um die Erhaltung eines guten Kräfte- und Futterzustandes auch während der anstrengenden Dienstabschnitte, wie Frühjahrsausbildung (zugleich Haarwechsel!) und größere Truppenübungen im Sommer, zu gewährleisten,

ist es notwendig, die Pferde entsprechend vorzubereiten.

Zur Erhöhung der Kraft ist eine Steigerung des Körnerfutters (Hafer oder entsprechendes Ergänzungsfutter) ohne Verkürzung der Rauhfutterration das geeignete Mittel. Vor allem ist darauf Bedacht zu nehmen, daß die Körnerzulage 4—5 Wochen vor den anstrengenden Dienstabschnitten gegeben wird. Hierzu dienen Futterersparnisse, die in der Zeit des ruhigen Dienstbetriebes gemacht werden, sowie unter Umständen selbst angekaufte Futterzulagen. Auch nach den erhöhten Dienstleistungen ist nach Möglichkeit den Pferden eine Rauhfutterzulage für eine bestimmte Zeit weiter zu geben. Wegen der Rauhfutterzulage nach Beendigung größerer Übungen siehe Heeresverpflegungsvorschrift Teil II — H.Dv. 43 — Anl. 3 Nr. 3.

101. Besonderer Berücksichtigung bedürfen junge Pferde, deren Körper noch in der Entwicklung begriffen sind. Es würde ein großer, nicht wieder gutzumachender Fehler sein, wollte man in den für Remonten ausgeworfenen Rationen und etwaigen Zulagen Ersparnisse machen. Es ist nicht nur wesentlich, die Verdauungsorgane der Remonten durch reichliches Rauhfutter zu erweitern und sie dadurch zur Aufnahme großer Futtermengen zu befähigen — sie zu guten Fressern zu erziehen —, sondern auch mindestens ebenso wichtig, ihnen das zustehende Körnerfutter und möglichst Futterzulagen zu geben, damit ihre Körper während ihrer Ausbildung Knochen, Sehnen und Muskeln aufbauen können.

102. Schlechte Futterverwerter sind trotz bester Futteraufnahmen stets mager. Sie sind nicht krank, machen auch keinen traurigen oder müden Eindruck, sondern sind im Gegenteil oft recht lebhaft. Zur Besserung des Nährzustandes solcher Pferde kann man viel durch eine ruhige und liebevolle Behandlung, durch Verteilung der Ration in möglichst kleinen und häufiger verabreichten Mengen beitragen. Besonders wichtig ist es für solche Pferde, daß sie nicht hastig fressen. Man stelle sie daher neben ruhige Pferde. Im erhitzten Zustande dürfen schlechte Futterverwerter nie gefüttert werden.

103. Die beste und reichlichste Nahrung sowie die größte Sorgfalt beim Füttern haben keinen Wert, wenn das verabreichte Futter vom Pferde nicht ausgenutzt wird. Das Pferd lebt nicht von dem, was es frißt, sondern von dem, was es verdaut.

104. Ist der Kot des Pferdes gut geballt, gelbbraun gefärbt, nicht sehr übelriechend, enthält derselbe keine unverdauten Körner, so ist das dem Pferde gebotene Futter gut verbraucht, der Zweck der Fütterung somit erreicht.

B. Tränken.

105. Das Wasser ist für das Leben eines Tieres unentbehrlich. Da der Körper zum großen Teil aus Wasser besteht und durch den Harn und den Kot, durch die Lungen und die Hautatmung dauernd Wasser abgibt, so muß dem Körper der notwendige Ersatz an Wasser wieder zugeführt werden.

106. Das Tränken des Pferdes ist daher ebenso wichtig wie das Füttern. Durst wird von den Pferden noch schwerer ertragen als Hunger. Der Durst setzt die Leistungsfähigkeit des Pferdes schnell herab. Die Menge des Wassers, die das Pferd täglich gebraucht, richtet sich nach der Art des Futters (Trocken- oder Grünfutter), nach der Witterung, der Jahreszeit und der Arbeitsleistung.

107. Das Tränkwasser soll farblos, geruchlos, klar und durchsichtig sein, es soll keinen besonderen Geschmack haben und frei von Beimengungen sein. Das Wasser ist für die Pferde am bekömmlichsten, wenn es eine Temperatur von 9—12 Grad Celsius hat. Zu kaltes Wasser verursacht Erkältung und Darmkatarrh, zu warmes Wasser macht die Pferde schlaff und erfrischt sie nicht.

108. Im allgemeinen wird zum Tränken Leitungs- oder Brunnenwasser benutzt. Unter besonderen Verhältnissen (Übungen usw.) wird man jedoch gezwungen sein, das Wasser aus Bächen, Flüssen, Seen usw. zu entnehmen. Hierbei ist größte Vorsicht am Platze. Solches Wasser muß vor allen Dingen klar und ohne Geruch sein.

109. Bei dem im Frieden üblichen Futtersatz vertragen die Pferde Tränken vor und nach dem Füttern. Da im Kriegsfalle jedoch auch stark blähende

56

Futtermittel (z. B. Bohnen, Erbsen) gegeben werden müssen, bei denen Tränken nach dem Füttern schadet, so ist grundsätzlich vor dem Füttern zu tränken. Der Führer der Einheit kann aus Gründen des Dienstbetriebes oder um zu hastiges Aufnehmen kalten Wassers zu vermeiden, Tränken nach dem Füttern anordnen.

110. Unter gewöhnlichen Verhältnissen genügt es, die Pferde dreimal (morgens, mittags und abends) täglich zu tränken, in warmer Jahreszeit tränkt man die Pferde mindestens viermal, das viertemal am besten 2 Stunden nach dem Mittagsfutter. Bei jedem Tränken sind die Pferde auch wirklich satt zu tränken, namentlich nach dem Abendfutter.

111. Stark erhitzte Pferde sind beim Einrücken in den Stall erst zu tränken, wenn sie ganz trocken sind und Herz und Atmung sich beruhigt haben. Auf dem Marsche oder bei Übungen können erhitzte Pferde getränkt werden, wenn der Marsch oder die Übung gleich fortgesetzt wird. Allzu gierige Wasseraufnahme ist durch Auflegen einer Handvoll Heu oder Gras auf das Tränkwasser zu verhindern. Man kann in diesem Falle die Pferde auch mit dem Gebiß im Maule trinken lassen. Auf Märschen und bei Übungen ist es die Hauptsache, den Pferden möglichst oft Wasser anzubieten, wenn auch in kleinen Mengen.

112. Das Benutzen gemeinschaftlicher Tränkvorrichtungen (Tröge) ist verboten.

113. Die Tränkeimer sind vor jeder Fül=
lung mit Wasser gründlich zu reinigen, die Becken
der Selbsttränkanlagen sind, namentlich abends,
zu säubern.

114. Das Leitungswasser hat im allgemeinen
das ganze Jahr hindurch eine ziemlich gleichblei=
bende und nur um wenige Grade schwankende
Wärme, die von den Pferden gut vertragen wird.
Das Aufstellen von Wasser in Eimern zum Er=
wärmen ist daher unnötig und, da es auch meist
zum Verstauben des Wassers führt, verboten.

C. Füttern und Tränken unter besonderen Verhältnissen.

a) Füttern und Tränken auf Märschen.

115. Auf Märschen und bei längeren
Übungen werden an die Pferde größere An=
forderungen gestellt. Dem Füttern und Tränken ist
daher besondere Aufmerksamkeit zu schenken.

Oberster Grundsatz ist: „Erst das
Pferd, dann der Mann!"

116. Bei jeder Ruhepause ist auch von einzelnen
Reitern oder Fahrern zu versuchen, Hunger und
Durst der Pferde zu stillen, da ja nicht immer vor=
ausgesehen werden kann, wann sich wieder Ge=
legenheit hierzu bietet. Zu langes Warten kann
eine völlige Leere des Magens herbeiführen, die
die Leistungsfähigkeit des Pferdes herabsetzt.
Selbst das Verabreichen von kleinen Futter= und
Wassermengen ist von Nutzen. Eine Handvoll Gras
wirkt oft Wunder.

117. Um ein gutes Ausnutzen des Futters zu erzielen, ist, wenn irgend möglich, die größte Futtermenge vor der voraussichtlichen längsten Ruhepause zu verabfolgen. Ganz besonders ist darauf zu achten, daß das Pferd das für die Verdauung notwendige Rauhfutter erhält.

118. Die Wirkung einer sachgemäßen Fütterung kann bedeutend gefördert und unterstützt werden durch eine schonende Behandlung der Pferde. Wenn es die Lage erlaubt, ist bei längeren Ruhepausen, die bei langen Märschen ein- oder mehrmalig am Tage einzulegen sind und die wenigstens 2 Stunden dauern sollen, vor dem Füttern abzusatteln oder abzuschirren. Verbietet sich dies aus irgendeinem Grunde, so sind auf jeden Fall die Gurte zu lockern, da sonst Satteldrücke eintreten.

119. Auf Märschen und bei Übungen ist jedes Pferd aus seinem eigenen Freßbeutel zu füttern und zu tränken.

Der Pferdepfleger soll seinem Pferde im Quartier nur das ihm gelieferte Futter geben. Vom Quartierwirt überlassene oder selbst aufgefundene Futtermittel können dem Pferd durch Überfuttern oder Ungewohnheit auch dann schaden, wenn sie von Tieren des Quartierwirts gut vertragen werden.

120. Aus Gründen der Seuchenverhütung ist die vorübergehende Unterbringung von Pferden in Pferdehändler- und Gastwirtsställen sowie in Gehöften, in denen eine Pferdeseuche herrscht, verboten, ebenso das Benutzen von Futterkrippen, Eimern, Putzzeug und dergleichen aus Zivilstallungen.

b) Füttern und Tränken nach anstrengenden Dienstzeiten.

121. Nach anstrengenden Dienstzeiten, insbesondere nach den Herbstübungen, ist 3 bis 4 Wochen lang die Verabreichung reichlichen Rauhfutters unter Abzug von Körnerfutter erforderlich. Allmählich ist auf den normalen Futtersatz zurückzugehen. Wird das Rauhfutter in dieser Zeit nicht reichlicher gewährt, so nehmen die Pferde, um das noch eine Zeitlang vorhandene gesteigerte Hungergefühl zu befriedigen, vermehrt feuchte und durch Harn und Kot durchsetzte Streu auf. Hierdurch treten Darmerkrankungen häufiger auf.

c) Füttern und Tränken an mehreren aufeinanderfolgenden Ruhetagen.

122. Bei mehreren aufeinanderfolgenden Ruhetagen (Festtage, Urlaubszeit) ist den Pferden die Haferration zu kürzen, die Rauhfutterration zu erhöhen. Es ist notwendig, auch an Ruhetagen mindestens 1 Stunde die Pferde zu bewegen.

d) Mangel an Freßlust.

123. Das Nachlassen der Freßlust ist nicht immer auf Krankheit des Pferdes zurückzuführen. Pferde, die an regelmäßige Arbeit gewöhnt sind, pflegen, wenn sie längere Zeit untätig

60

im Stall stehen, im Fressen nachzulassen. Umgekehrt kann auch der Fall eintreten, daß Pferde nach
längerer Ruhe oder geringer Arbeit bei plötzlich
einsetzendem schwerem ungewohntem Dienst ihr
Futter nicht nehmen oder nur teilweise verzehren.
Ferner kommt es vor, daß die Truppenpferde in
fremden Stallungen, besonders wenn sie allein
untergebracht sind, mangelnde oder gar keine Freßlust zeigen, oder daß das Futter, obwohl es in
bezug auf die Güte einwandfrei ist, trotz guter
Freßlust nicht anschlägt.

Hie und da trifft man Pferde, die ihrem Nach-
bar zuerst das Futter wegfressen und dann, so ge-
sättigt, ihr Futter liegen lassen, um es später doch
noch zu verzehren.

In jedem Falle ist nach den Ursachen der man-
gelnden Freßlust zu forschen, nach Möglichkeit sind
dieselben abzustellen.

**124. Verweigert ein Pferd in den ge-
wohnten Verhältnissen plötzlich die
Futteraufnahme, so ist an eine Erkrankung
zu denken. Es ist die Körperwärme zu messen und
das Pferd durch den Veterinäroffizier untersuchen
zu lassen.**

Bei nervösen Pferden kann jedoch plötzliches
Futterverweigern auch durch schnelle Arbeit, Wechsel des Pferdepflegers, der Nachbarpferde und
ähnliches hervorgerufen werden.

**125. Bei schlechtfressenden und ner-
vösen Pferden ist es angezeigt, das Futter häufiger und in kleineren Mengen zu verabfolgen.
Unter Umständen ist ein Futterwechsel vorzuneh-**

men. Eine regelmäßige, ruhige Arbeit, bei der das Pferd sich nicht erhitzt, aber lange Zeit im Freien sich bewegt, ist von Nutzen.

D. Fütterung der Maultiere.

126. Die Fütterung der Maultiere unterscheidet sich im wesentlichen nicht von der des Pferdes. Daher können bei Maultieren die gleichen Fütterungsmaßregeln getroffen werden. Die Maultiere benötigen, da sie kleiner sind als Pferde und zum Reiten nicht herangezogen werden, nicht so viel Hartfutter wie die Pferde.

127. Die Futtersätze für Maultiere sind aus der Verpfl.V. Teil II — H.Dv. 43 — ersichtlich.

IV. Pferdepflege bei Märschen und im Felde, sowie bei Transporten.

A. Allgemeines.

128. Die Pferdepflege erhält bei Leistungen, die das tägliche Maß überschreiten, erhöhten Wert. Gute Pferdepflege trägt zur Schonung der Pferde bei und steigert so die Leistungsfähigkeit der Pferde.

129. Bei Transporten, bei größeren Übungen und besonders im Felde muß vom obersten Führer bis zum jüngsten Pferdepfleger das nötige Verständnis für die durch sorgsame Pflege zu erzielende Schonung der Pferde aufgebracht werden. Die Erkenntnis, daß das Pferd in gleicher Weise wie der Soldat einer ununterbrochenen Fürsorge bedarf, muß Allgemeingut sein. Krankheiten, Verluste usw. werden so auf ein Mindestmaß beschränkt werden.

B. Pferdepflege bei Märschen und im Felde.

130. Auf Märschen und im Felde bedarf das Pferd noch größerer Fürsorge als im Standort. Jede noch so geringfügig erscheinende Vernachlässigung kann zum Schaden oder Ausfall der Pferde führen.

Der weitaus größte Teil der Ausfälle auf Märschen und im Felde wird nicht durch die geforderte Dienstleistung, sondern durch Mangel in der Pflege der Pferde verursacht, wenn diese den erhöhten Anforderungen nicht entspricht.

131. Vor dem Antritt eines Marsches und während des Marsches, namentlich bei jeder Rast, ist der Hufbeschlag eingehend zu prüfen. Gelockerte Hufeisen machen sich durch klirrendes Geräusch beim Auftreten des Fußes auf hartem Boden bemerkbar. Besonders sind die Hufe auf vorstehende Nieten und lose Nägel, welche Streichwunden verursachen, nachzusehen.

132. Ein sachgemäßes Verpassen des Zaumzeuges, der Sättel und des Geschirres ist vor jedem Marsch durchzuführen. Bei größeren und dauernden Anstrengungen magern die Pferde meist ab. Es ist daher notwendig, die Pferde auf dem Marsch ständig zu beobachten und die Pferdeausrüstung, wenn nötig, erneut zu verpassen. Jede Rast ist hierzu auszunutzen.

133. Bei den einzuschlagenden Gangarten ist auf den jeweiligen Kräfte- und Nährzustand der Pferde Rücksicht zu nehmen. Es muß möglichst sparsam mit der Pferdekraft umgegangen werden.

Nicht die Länge der Strecke macht die Pferde müde, sondern das ungleiche und unvernünftige Tempo. Es ist daher notwendig, in allen Gangarten möglichst das gleiche Marschtempo und die vorgeschriebenen Abstände einzuhalten. Dann ist die Truppe in der Lage, selbst über das normale Maß der Märsche hinaus ihre Pferde dienstfähig und gesund zu erhalten.

134. Über Tempo siehe Nr. 5 und 61 der Reitvorschrift (R.V.) H.Dv. 12 und Nr. 35—38 des Heftes 1 der Fahrvorschrift (Fahrv.) H.Dv. 465/1.

135. Größere Marschleistungen können ohne Schaden für die Pferde nur nach vorherigen Marschübungen von 3—4 Wochen Dauer geleistet werden. Das Wesen der Vorübungen besteht in täglicher, 2—3stündiger, ruhiger Marscharbeit im Freien, vornehmlich auf harten Straßen. Allmählich wird die Marschgeschwindigkeit bei Reitpferden auf 7½—10 Stundenkilometern, bei Zugpferden auf 6½—8 Stundenkilometern gesteigert. In der Ebene ist ein Tempo von 7½ Stundenkilometern einschl. kleinerer Rasten einzuhalten.

136. Häufiges Absitzen der Reiter und Fahrer sowie längeres Führen der Pferde besonders bei längeren Märschen bedeutet eine wesentliche Schonung der Pferde. Jede durch den Zweck des Marsches nicht bedingte Anstrengung ist zu vermeiden. Die Notwendigkeit, einen erhöhten Stundendurchschnitt zu erzielen, führt häufig zum Bergabtraben und Bergauftraben. Bei starken Steigungen ist stets abzusitzen, unter allen Umständen haben die Mannschaften auf den Fahrzeugen abzusitzen. Bei längeren und steilen Gefällen ist ebenfalls abzusitzen, mit Ausnahme des Mannes zur Bedienung der Bremse. Bei Bergauf= und Bergabfahren ist auf die richtige Handhabung der Bremse zu achten. Bergauf muß das Rad vollständig frei laufen, bergab darf die Bremse nur so weit angezogen sein, als dies notwendig ist. Die Bremse ist je nach Beschaffenheit des Bodens und der Böschung mehr oder weniger anzuziehen und wieder zu lösen. Die Räder sollen hierbei nicht vollständig festgestellt werden, sondern nur am Bremsklotz schleifen. Die Bremse wirkt genügend, wenn die Pferde in mäßig straffen Tauen, ohne zu ziehen, ihren ruhigen Gang beibehalten können.

Erfordert eine starke und lange Steigung besondere Kraftanstrengung und häufige Atempausen der Pferde, so ist die Bremswirkung zur Schonung der Pferde dadurch zu erhöhen, daß eine Rückwärtsbewegung des Fahrzeuges durch Unterlegen von Steinen usw. unter die Räder verhindert wird.

137. Weitgehende Zerlegung der Einheit verhindert übermäßige Staubentwicklung und ermöglicht Gangartwechsel jeder kleinen Einheit an der geeigneten Geländestelle. Ein Zeitverlust soll durch Einlegen erhöhter Gangart bei längeren Strecken, niemals durch schnelles Tempo ausgeglichen werden.

138. Im Frieden muß die Reichsstraßenverkehrs-
ordnung eingehalten werden.

Für gewöhnlich marschiert die Truppe einheitlich auf dem ihr bequemsten Teile der Straße. Die
Sommer- (Reit-) Wege der Kunststraßen
sind nur dann mit Vorteil zu benutzen, wenn sie
nicht tief und nicht durch Abzugsrillen häufig
unterbrochen sind. Anderenfalls ist ein Reiten oder
Fahren auf der Mitte der Straße trotz der Härte
vorzuziehen, da die Muskeln und Sehnen des
Pferdes dann mehr geschont werden. Auf stark gewölbten Kunststraßen sind die abfallenden Seiten
zu vermeiden.

139. Im Winter sind zur Verhinderung des
Ausgleitens bei Glätte Schraubstollen ein-
zuschrauben. Vor dem Einschrauben der Schraubstollen sind die Schraubstollenlöcher mit der im
Schraubenschlüssel vorhandenen Spitze zu reinigen
und, falls Veränderungen am Gewindeteil der
Löcher vorgekommen sind, mit dem am Schraubenschlüssel befindlichen Notbohrer nachzubohren. Die
Schraubstollengewinde im Hufeisen sind zweckmäßi-
gerweise durch Eindrehen ölgetränkter Korkstücke
vor Rost und Verunreinigung zu schützen.

Die Schraubstollen werden — die ersten Ge-
windegänge mit der Hand — mit dem Schraubenschlüssel, im Notfall mit dem Anbinderring, von
links nach rechts in die Hufeisen eingeschraubt.
Hierbei sind die Hufe, damit Dehnungen und
Drehungen der Gelenke vermieden werden, festzu-
halten. Beim Einschrauben der Stollen muß darauf
geachtet werden, daß dieselben fest auf den Schenkel-
enden des Hufeisens sitzen, da sie sonst im Gewinde-

teil leicht abbrechen. Um gefährliche Kronentritte zu verhüten, empfiehlt es sich bei etwaiger Verwendung von Meißelstollen, die Schneide des inneren Stollens in der Quer=, des äußeren in der Längsrichtung des Eisenschenkels oder beide Stollen in der Längsrichtung des Strahls zu stellen. Im Stall und in der Unterkunft sind die Stollen, um Verletzungen der Pferde zu vermeiden, zu entfernen.

140. Zur Verhütung des Einballens von Schnee, ebenso zum Schutz gegen Verletzungen der Sohle auf steinigem Boden finden Strohsohlen Verwendung. Die Strohsohlen müssen genau passend und so groß hergestellt werden, daß ihr Rand sich unter den inneren Rand der Hufeisen einpreßt. Das Anballen von Schnee wird durch die Strohsohlen nur dann verhindert, wenn dieselben vollständig trocken sind. Das Anfertigen von Strohsohlen ist von den Mannschaften praktisch zu üben.

Auch ein dickes Bestreichen der inneren Hufflache und der Hornwand mit Schmierseife gewährt ein gutes Mittel gegen das Anballen von Schnee.

141. Bei längeren Märschen wird während der einzelnen Trabstrecken der Fuß nicht gewechselt. Läßt ein Pferd im Verlauf eines langen Marsches erkennen, daß ihm das Leichttraben auf einem Fuße besonders unbequem und ermüdend ist, so daß es gleichsam zu lahmen scheint, so muß der Reiter nur auf dem dem Pferde bequemen Fuß traben (s. R.B. H.Dv. 12 Nr. 65 8. Abs. S. 126).

Über Schonung der vom Sattel gefahrenen Pferde siehe H.Dv. 465/4 (Fahrv.) Nr. 19—21. Zur

Schonung der Sattelpferde kann ein Umspannen der Sattelpferde als Handpferde in Frage kommen.

142. Bei Rasten sind Packpferde und Tragtiere abzulasten, da das tote Gewicht der Last die Tiere mehr anstrengt als das Gewicht des Reiters.

Bei der großen Rast (s. Nr. 118) ist der Sattel, wenn irgend möglich, ebenfalls abzunehmen und das Tier zur Vermeidung von Erkältungen mit dem auseinandergenommenen Woilach einzudecken.

143. Über Füttern und Tränken der Pferde auf Märschen s. N. 115—120, über Tränken bei großer Hitze Nr. 110 und über Tränken erhitzter Pferde Nr. 111.

C. Pferdepflege bei Transporten.

144. Bei Transporten von Truppen auf der Eisenbahn (s. Truppentransportvorschrift [T.V.] H.Dv. 68 und D 21. Merkblatt für Transportoffizier und Verladeoffizier bei Eisenbahntransporten) ist für je 2 Pferde ein Pferdepfleger einzuteilen. Bei Remontetransporten wird die Zahl der Pferdepfleger durch die anordnende Dienststelle festgesetzt. Für die ganze Fahrtdauer ist für ausreichendes Füttern und Tränken zu sorgen. Als Futter ist Hartfutter und Heu zu verausgaben. Eine Mitnahme von Stroh für Streuzwecke ist wegen Feuersgefahr verboten. Die Futterzeiten sind möglichst denen des Standortes anzugleichen. Vor dem Füttern ist nach Möglichkeit zu tränken. Hierzu sind die Betriebsaufenthalte, die aus der Fahrtliste ersichtlich sind oder, falls eine solche nicht ausge

geben ist, bei dem Zugführer erfragt werden können, auszunutzen.

Während der Fahrt ist für gute Lüftung zu sorgen. Dazu sind die Türen der in der Fahrtrichtung liegenden rechten Wagenseite und die Luftklappen zu öffnen. Bei großer Hitze kann vorübergehend auch die Tür der anderen Seite teilweise geöffnet werden. Bei Kälte ist je nach den Witterungsverhältnissen die Lüftung einzuschränken. Der Dung ist sofort aus dem Wagen zu entfernen.

145. Plötzlich auftretende Erkrankung eines Pferdes ist beim nächsten Aufenthalt dem Veterinäroffizier zu melden. Dieser hat über die Möglichkeit eines weiteren Transportes zu entscheiden. Begleitet den Transport kein Veterinäroffizier, so entscheidet der Transportführer. Ist das Ausladen eines erkrankten Pferdes notwendig, so hat der mitzugebende Pferdepfleger sofort nach dem Ausladen für möglichst schnelle Unterkunft und tierärztliche Hilfe zu sorgen.

146. Bei Transporten von Pferden auf Kraftwagen (s. Truppentransportvorschrift [T.V.] Heft 8 Truppentransport auf Kraftwagen. H.Dv. 68.8) ist für je 2 Pferde mindestens ein Pferdehalter einzuteilen. Abweichungen kann der Transportführer aus besonderen Gründen anordnen. Es ist zweckmäßig, die Pferde während des Transportes anzubinden. Wegen der sich unter den Wagenplanen entwickelnden Wärme ist ein vollständiges Verdecken des beladenen Kraftwagens zu vermeiden.

70

147. Bei Transporten von Pferden auf Schiffen (s. Seetransportordnung [S.Tr.O.] H.Dv. 296) über See muß vor allen Dingen durch geeignete Mittel dafür gesorgt werden, daß die stark kohlensäure- und ammoniakhaltige Luft abgesaugt und neue frische Luft im Deck zugeführt wird, um Erkrankungen der Lunge (Lungenentzündung, Schiffsfieber) zu verhindern. Besonders schwierig ist die Lüftung der unter der Wasserlinie gelegenen Decks und in diesen wiederum der am weitesten von den Luken entfernt liegenden Teile. In diesen Räumen ist deshalb besondere Aufmerksamkeit notwendig.

148. Die Entwässerung der Pferdestände zur Verhinderung des Auftretens von Fäulnisprozessen innerhalb des Decks ist ebenfalls wichtig.

Die Wasserabflußrohre sind infolge geringer lichter Weite häufig verstopft. Zur Ableitung des Harnes sind Handpumpen vorzusehen, die die Abwässer über Bord pumpen. Das Herausbringen des Dunges hat in Körben zu geschehen. Der Dung wird über Bord geworfen.

149. Sämtliche einzurichtenden Pferdestände müssen quer zum Schiff liegen. Die Aufstellung der Pferde in der Schiffsrichtung ist, da die Pferde bei schlingerndem Schiff das Gleichgewicht nicht halten können, zu vermeiden.

150. Die Pferde müssen während der Reise, damit sie verwendungsfähig bleiben, täglich reichlich bewegt werden. Steifheit der Gliedmaßen ist die Folge des Mangels an Bewegung. Auf jedem

Transportschiff ist daher möglichst so viel Raum zur Bewegung vorzusehen, daß sämtliche Pferde ausreichend lange und genügend oft durch Führen an der Hand bewegt werden können.

151. In den letzten 3—6 Stunden vor der Einschiffung ist den Pferden weder Wasser noch Futter zu reichen, damit sie beides an Bord willig nehmen und sich so leichter an die neue Umgebung gewöhnen.

152. Die Pferde werden täglich dreimal — wenn es sehr heiß ist, vier- bis fünfmal — getränkt. Sie sollen täglich etwa die Hälfte der normalen Hartfutterration und etwas mehr als die normale Rauhfutterration erhalten. Durch diesen Fütterungsausgleich werden sowohl Verdauungsstörungen als auch Kräfteverluste verhindert. Die genaue, den jeweiligen Umständen anzupassende Festsetzung der Ration ist Sache des Pferdetransportführers und des ihn beratenden Veterinäroffiziers.

Als Richtlinie kann gelten, daß vor der Verladung und am Anfang der Reise sowie bei sehr heißem und stürmischem Wetter weniger Hartfutter zu verabreichen ist. Bei kühlem Wetter und bei der Möglichkeit ausreichender Bewegung kann Zulage gegeben werden.

153. Die Höhe der Futtersätze bei Transporten auf Schiffen über See ist in der Verpfl.V. Teil II — H.Dv. 43 — bestimmt.

154. Für die Einteilung des Stalldienstes an Bord gilt die Zeiteinteilung der Anlage 2 des Abschnittes II Pferdepflege, Stallpflege als Anhalt.

Druck von A. Seydel & Cie. G. m. b. H., Abteilung Owo-Druck
Berlin SW 61

H. Dv. 11/2

Das Truppenpferd

Heft II:

Körperbau, Erkrankungen, Futtermittel

vom 14. 7. 1938

Inhaltsverzeichnis.

6

I. Das Pferd und sein Körperbau.

A. Pferderassen.

1. Im Laufe der Jahrhunderte hat sich aus der Urform des Pferdes durch die Verschiedenartigkeit des Bodens, des Klimas und der Ernährung, der Gebrauchsverhältnisse sowie durch natürliche und durch Menschenwillen bestimmte Mischung (Kreuzung) eine Reihe von Pferderassen herausgebildet, die in verschiedene Pferdeschläge eingeteilt werden.

Die Pferderassen werden in 2 Gruppen zusammengefaßt in:

Warm= und Kaltblut.

Die Bezeichnungen „Warm"= und „Kalt"=blut beziehen sich nicht auf die Bluttemperatur. Diese weist bei beiden Gruppen keinen Wärmeunterschied auf. Der Unterschied liegt im Temperament und in der Körpermasse.

2. Die Warmblüter eignen sich infolge ihres leichteren Körperbaues, infolge ihres feinen, jedoch festgefügten Knochengerüstes und infolge ihres lebhaften Temperaments zur schnellen Vorwärtsbewegung sowohl unter dem Reiter als auch im Gespann.

Die Kaltblüter werden infolge ihres schweren Gewichtes, bedingt durch den starkknochigen

7

und massigen Körperbau, fast ausschließlich zum Ziehen größerer Lasten in langsameren Gangarten verwendet.

3. Als Urform der warmblütigen Rassen kann das orientalische (nordafrikanisch-arabische) Pferd angesehen werden, dessen edle, schöne Körperform, verbunden mit großer Leistungsfähigkeit, noch heute als Grundlage für die Beurteilung eines Pferdes gilt.

4. Beim Warmblut unterscheidet man:

a) Vollblut,
b) Halbblut.

5. Die Vollblutrasse teilt man ein in folgende Schläge:

den Araber (im Abstammungsnachweis durch ox bezeichnet),

das englische Vollblutpferd (im Abstammungsnachweis durch xx bezeichnet),

den amerikanischen Traber.

6. Das englische Vollblut hat seine Heimat in England. Es geht in den Vaterlinien auf drei orientalische Hengste zurück, von denen die des Darleys-Arabian über Eclipse die einflußreichste ist. Die Mutterlinien gehen auf etwa 50—60 Stuten zurück, die zum größten Teil Orientalen, zum Teil edle englische Landstuten waren.

Das englische Vollblut entwickelte sich im Laufe der Zeit durch Auslese und Leistungsprüfungen zu einem Pferd mit Adel, großer Härte, Schnelligkeit und Ausdauer. Dieses Vollblut wurde in fast allen

Kulturländern fortgezüchtet und gewann hierdurch einen bedeutenden Einfluß auf die Pferdezucht, besonders auch in Deutschland.

7. Als englisches Vollblut bezeichnet man daher ein Pferd, welches entweder selbst in das Generalstutbuch (general stud book) eingetragen ist oder nachweisbar von Vorfahren abstammt, die alle im Generalstutbuch eingetragen sind.

8. Die Halbblutrasse ist entstanden aus der Paarung von Vollblut= bzw. reingezogenen Halbbluthengsten mit vorhandenen Landschlägen. Der Halbblüter ist in Deutschland reingezüchtet. Es gilt heute als „Halbblutpferd" ein Pferd, das in einem der vom Reichsnährstand anerkannten deutschen Gestütbücher eingetragen ist. Alle deutschen Warmblutrassen — außer Vollblut — sind also Halbblüter.

9. Die Halbblutrasse teilt man in folgende Schläge:

Ostpreußen,
Hannoveraner,
Holsteiner,
Oldenburger,
Ostfriesländer.

Nachzuchtgebiete dieser Schläge sind:

Mecklenburg,
Brandenburg,
Pommern,
Westfalen,
Niederbayern (Rottal),
Rheinpfalz,
Württemberg.

10. Der Ostpreuße. Die Grundlage der gesamten ostpreußischen Warmblutzucht ist das Hauptgestüt Trakehnen. Das ostpreußische Pferd verdankt seine Härte und Energie der ständigen Einwirkung des Trakehner Blutes.

Zuchtziel siehe Anhang 1 Abb. 1. Der weitaus größte Teil der Kavalleriepferde und sehr viele der übrigen Reitpferde und leichten Zugpferde des deutschen Heeres sind Ostpreußen. Diese gelten als Typ des edlen, harten, schnellen und ausdauernden Soldatenpferdes.

11. Der Hannoveraner. Zuchtziel siehe Anhang 1 Abb. 2.

12. Der Holsteiner. Zuchtziel siehe Anhang 1 Abb. 3.

Hannoveraner und Holsteiner werden im deutschen Heere in gleicher Weise als Reit= und leichte Zugpferde verwendet, besonders bei Maschinengewehrkompanien, Artillerie und entsprechenden Einheiten. Beide Schläge sind in den letzten Jahren durch zahlreiche hervorragende Turnierpferde berühmt geworden.

13. Der Oldenburger. Zuchtziel siehe Anhang 1 Abb. 4 und 5.

14. Der Ostfriese. Zuchtziel siehe Anhang 1 Abb. 4 und 5.

Oldenburger und Ostfriesen verbinden Gängigkeit und Temperament des Warmblutes mit erheblicher Körpermasse; sie stellen für die Artilleriebespannung besonders geeignete Pferdeschläge dar.

15. Die Zuchtgebiete Mecklenburg, Brandenburg, Pommern und West=

falen sind sogenannte Nachzuchtgebiete. Ihre Zucht beruht vorwiegend auf Hannoverscher Grundlage; vereinzelt werden auch ostpreußische Hengste, diese in erster Linie zur Zucht von Reitpferden, benutzt. Die Produkte dieser Gebiete liefern gute und brauchbare Zugpferde (siehe Anhang 1 Abb. 6 bis 9).

16. In Bayern wird der Rottaler, der dem Oldenburger gleicht, gezüchtet (siehe Anhang 1 Abb. 10) Auch Schlesien züchtet sein Warmblutpferd auf Oldenburger Grundlage. Das Württemberger Warmblutpferd ist heute größtenteils auf der Grundlage des Normannen gezogen (siehe Anhang 1 Abb. 12). Das Warmblutpferd der Saarpfalz (Zweibrücker) ist ein leichteres Pferd mit arabisch-hannoverschem Einschlag (siehe Anhang 1 Abb. 11).

17. Das deutsche Kaltblut stellt ausschließlich ein Arbeitspferd, das dazu bestimmt ist, schwere Lasten im Schritt und unter Umständen für kurze Strecken auch im Trabe zu ziehen. Derartige Pferde benötigen daher zum Erzielen großer Kraftleistungen eine starke Entwicklung ihrer Körpermasse. Die Brust muß tief und breit, die Knochen und die Muskulatur müssen von großer Stärke sein.

18. Drei deutsche Kaltblutschläge sind für das Heer von Bedeutung:

Das rheinisch-belgische Pferd, neuerdings als „Rheinisch-deutsches Kaltblut" schlechthin bezeichnet,

der Schleswiger,
der Pinzgauer.

19. Das **rheinische Kaltblutpferd**, das schwerste deutsche Pferd, wird vor allem in den dicht besiedelten und über sehr schweren Boden verfügenden Gegenden West= und Mitteldeutschlands (Rheinland, Westfalen, Südhannover, Land und Provinz Sachsen) gezüchtet. Zuchtziel siehe Anhang 1 Abb. 13.

20. Zuchtziel des **Schleswiger Kaltblutes** siehe Anhang 1 Abb. 14. Das Schleswiger Kaltblutpferd entspricht den Anforderungen der Landwirtschaft, der Wehrmacht und der Industrie.

21. Der **Pinzgauer** hat seine Heimat vornehmlich in Österreich und Bayern, er wird in Bayern „**Oberländer**" genannt. Zuchtziel siehe Anhang 1 Abb. 15.

Der Pinzgauer ist anspruchslos, zäh und ausdauernd. Für Heereszwecke eignet er sich vornehmlich für die schwere Artillerie und die Infanterie (Masch.Gew.Komp. und Inf.Gesch.Komp.).

22. Für den Gebirgsdienst beim Heere werden **Kleinpferde** zum Reiten auf schmalen Gebirgspfaden, unter Umständen auch zum Tragen von Lasten benutzt. Hierfür kommt

das **Haflinger Kleinpferd**

in Frage.

Der Haflinger, der seine Heimat in Südtirol hat und heute in großen Teilen des deutsch-österreichischen Gebirgslandes gezüchtet wird, ist

145—150 cm groß, hat einen breiten Rücken und eine breite Lende. Die Kruppe ist oft abschüssig. Die kurzen kräftigen Beine haben meist stark entwickelte Gelenke, die Hinterbeine sind oft säbelbeinig. Eine feste, robuste Gesundheit zeichnet den Haflinger aus, er ist anspruchslos, zäh, gutmütig und willig. Er besitzt gute, harte, kleine Hufe und einen sicheren Gang auf schmalen Pfaden.

23. Das Maultier ist eine Kreuzung zwischen Pferdestute und Eselhengst. Im Bau des Körpers ähnelt das Maultier mehr dem Pferde als dem Esel; es hat aber die langen Ohren, die schmalen, steilen Hufe, die Stimme, oft auch die Farbe des Esels. Das Maultier kann ohne viel Futter große Leistungen vollbringen. Anstrengungen und Witterungsumschläge erträgt das Maultier leichter als das Pferd. Seine Härte zeigt sich in der Widerstandsfähigkeit gegen Krankheiten. Die kleinen und im Horn festen Hufe sind für den steinigen Gebirgsboden besonders geeignet. Die Gelenke, der Größe des Tieres entsprechend, sind kräftig. Das Maultier zeigt eine große Gangfestigkeit und Sicherheit auf schmalen Gebirgspfaden. Das Temperament der Maultiere ist im allgemeinen ruhiger als das der Pferde. Das Maultier ist trotz der angedichteten Störrigkeit bei guter Behandlung willig für Trage- und Zugdienst, auch zum Reiten kann es unter Umständen Verwendung finden.

Eine Kreuzung aus Pferdehengst und Eselstute bezeichnet man als Maulesel.

Maulesel und Maultiere sind nur selten fortpflanzungsfähig.

Um den Bedarf an Maultierremonten im Inland decken zu können, sind in den letzten Jahren bei mehreren deutschen Gestüten Maultierzuchten eingerichtet worden.

Zur Zeit werden Maultiere vornehmlich aus Amerika, vereinzelt auch aus Italien eingeführt.

24. Für den allgemeinen Dienstgebrauch werden die Pferde gegliedert in:

Reitpferde,

Zugpferde (leichte, schwere und schwerste),

Tragtiere.

25. Abbildungen der verschiedenen deutschen Pferdeschläge siehe Anhang 1, der wichtigsten deutschen Zuchtbrände siehe Anhang 2.

B. Körperbau des Pferdes.

a) Allgemeines.

26. Die Leistungsfähigkeit und Verwendungsfähigkeit des Pferdes ist von seinem Körperbau wesentlich abhängig. Verschiedenartige Leistungen stellen an den Körperbau verschiedene Ansprüche. Von demselben Pferd können nie Höchstleistungen in allen Verwendungsarten verlangt werden. Darum sind für die verschiedenen Gebrauchszwecke verschiedene Pferderassen notwendig, die sich in ihrem Körperbau wesentlich voneinander unterscheiden.

Bei den warmblütigen Pferden sind die Knochen dünn, aber in ihrem inneren Aufbau fest gefügt; die Röhrenknochen (Knochen der Gliedmaßen) sind

14

verhältnismäßig lang, während die platten Knochen (Kopf= und Beckenknochen) in ihren Ausmaßen weniger entwickelt sind. Umgekehrt ist es bei den schweren, kaltblütigen Pferden; hier sind die platten Knochen stark entwickelt, die Röhrenknochen sind kurz; allgemein zeigen die Knochen bei Kaltblutpferden ein stärkeres Breitenwachstum und ein verhältnismäßig geringes Längenwachstum. Entsprechend diesen Unterschieden am Knochengerüst unterscheidet sich das schwere, kaltblütige Pferd in seinem gesamten Körperbau durch größeren, plumpen Kopf, kürzeren, dickeren Hals, breitere Brust, breiteres Becken, kürzere und dickere Gliedmaßen von dem leichten, edleren Pferd.

Die Namen der wichtigsten Einzelknochen, der äußeren Körperteile, der Gelenkwinkelung der Gliedmaßen sind angegeben in den Abbildungen 1 bis 4.

27. Die Grundlage des Pferdekörpers bildet das Knochengerüst.

Die Knochen des Kopfes dienen größtenteils als Schutzkapsel für das Gehirn und die Sinnesorgane, sie sind darum meist unbeweglich miteinander verbunden.

Zum Verständnis der Aufgaben der Knochen des Rumpfes und der Gliedmaßen kann man das Knochengerüst mit einer Brücke vergleichen (vgl. hierzu Abb. 1). Diese Brücke ruht auf zwei Pfeilern. Der eine Pfeiler wird durch die Knochen der Vordergliedmaßen und der Schulter, der andere durch die der Hintergliedmaßen und des Beckens gebildet.

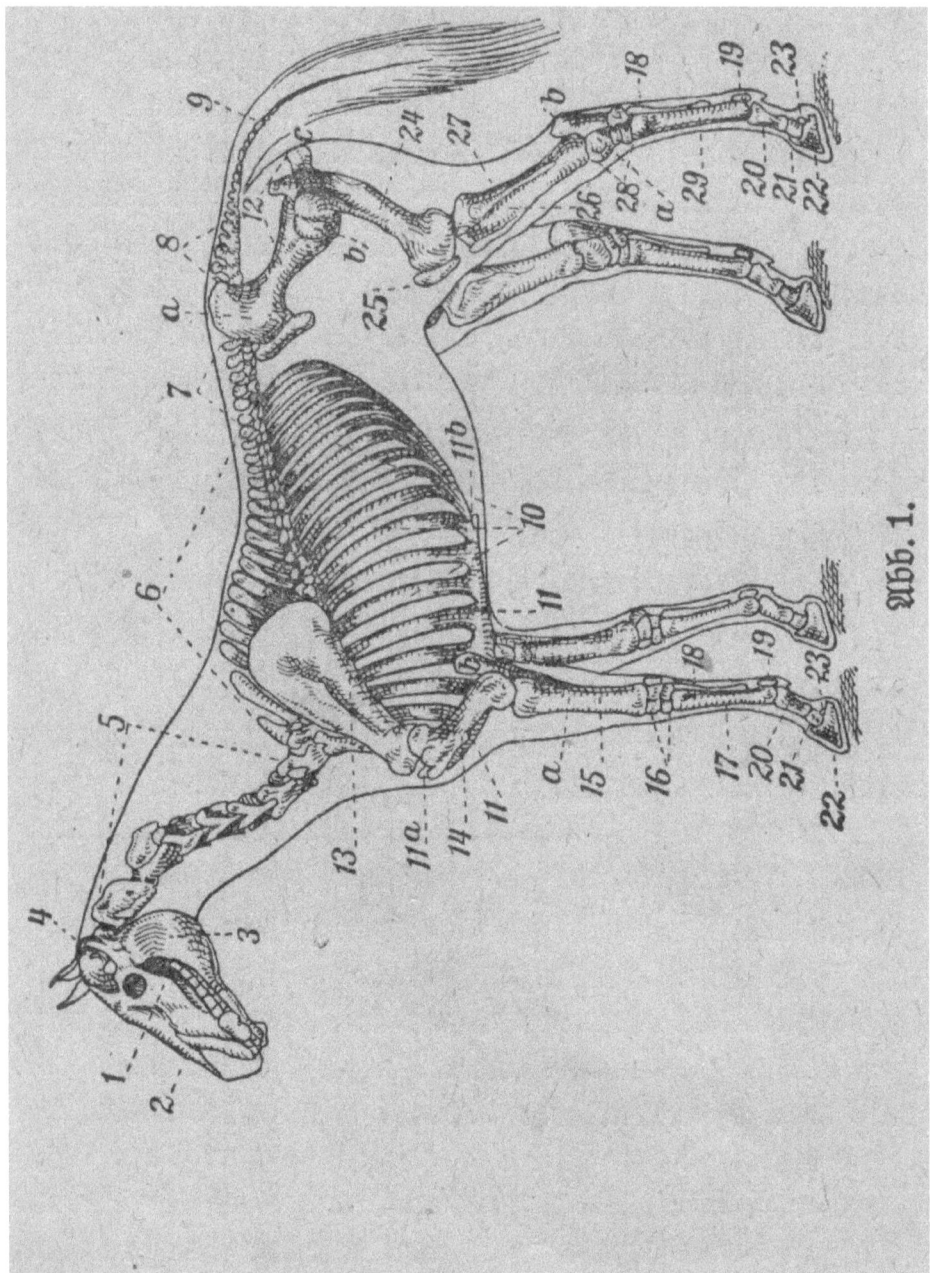

Abb. 1.

16

Knochengerüst.

1 Jochbein
2 Nasenbein
3 Unterkieferbein
4 Hinterhauptsbein
5 Halswirbel (7)
6 Rückenwirbel (18)
7 Lendenwirbel (6)
8 Kreuzwirbel (5) bzw. Kreuzbein
9 Schweifwirbel (18 bis 21)
10 Rippen
11 Brustbein
11a Habichtsknorpel
11b Schaufelknorpel

12 Beckenknochen (Hüft- bein)
12a Darmbein
12b Schambein
12c Sitzbein mit Sitzbein- höcker
13 Schulterblatt
14 Oberarmbein
15 Unterarmbein
15a Speiche
15b Ellenbogenbein mit Ellenbogenhöcker
16 Vorderfußwurzel
17 Vordermittelfußbein
18 Griffelbein

19 Gleichbein
20 Fesselbein
21 Kronbein
22 Hufbein
23 Strahlbein
24 Oberschenkelbein
25 Kniescheibe
26 Unterschenkelbein
27 Wadenbein
28 Sprunggelenksknochen
28a Rollbein
28b Sprungbeinhöcker
29 Hintermittelfußbein

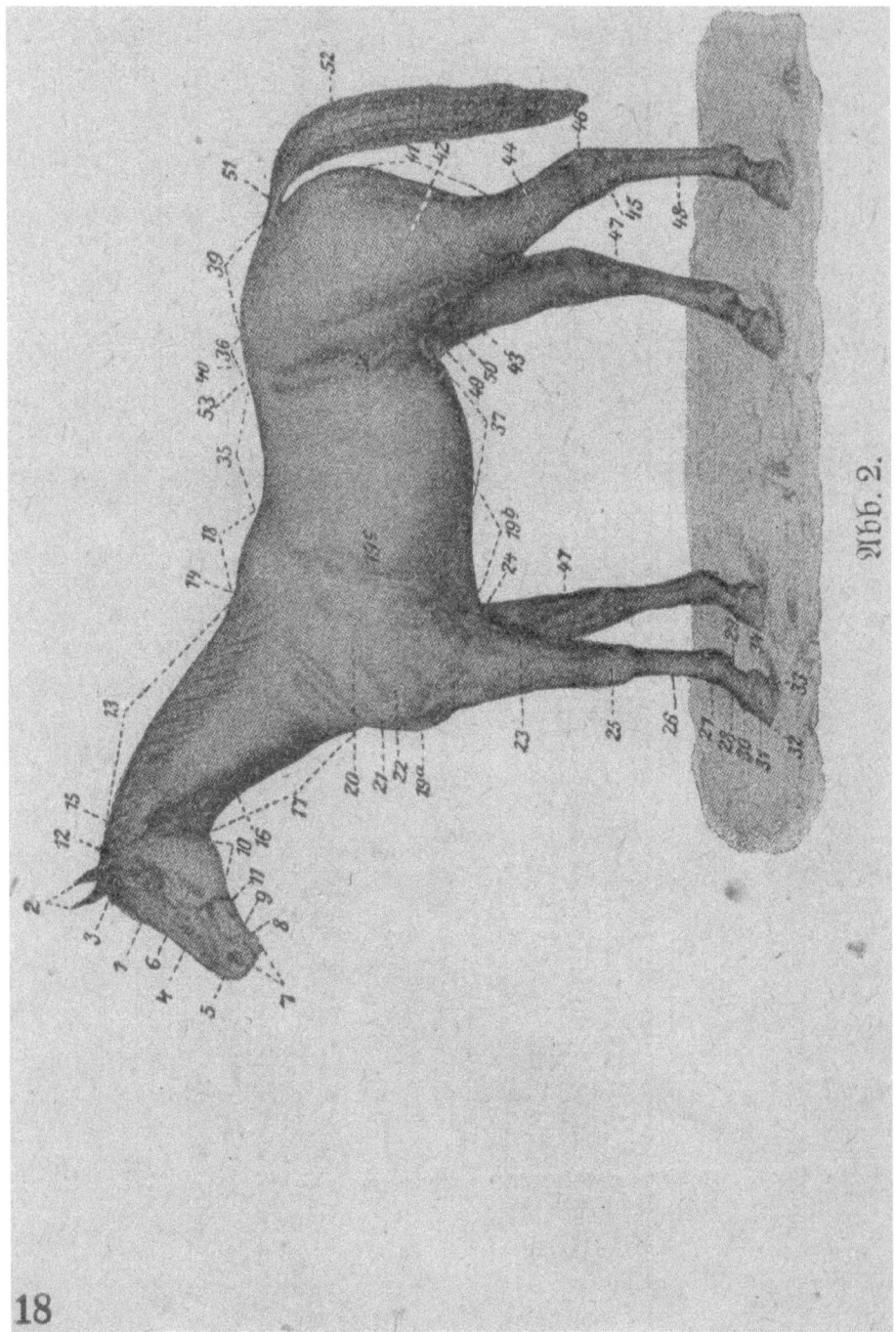

Abb. 2.

18

Benennung der äußeren Körperteile.

1 Stirn
2 Ohren
3 Scheitel
4 Nasenrücken
5 Nüstern
6 Jochleiste
7 Ober- und Unterlippe
8 Kinngrube
9 Maulwinkel
10 Ganasche
11 Backe
12 Genick
13 Mähnenrand des Halses
14 Halskerbe
15 Ohrdrüsengegend
16 Drosselrinne
17 Kehlrand des Halses
18 Widerrist

19a Vorderbrust
19b Unterbrust
19c Brustwand
20 Schulter
21 Bugspitze
22 Oberarm
23 Vorarm
24 Ellenbogenhöcker
25 Vorderfußwurzel
26 Vordermittelfuß
27 Fesselkopf
28 Fessel (Röte)
29 Rötenzopf
30 Hufkrone
31 Huf (Seitenwand)
32 Huf (Zehenwand)
33 Huf (Trachtenwand)
34 Ballen
35 Rücken

36 Lende
37 Bauch
38 Flanken
39 Kruppe
40 Hüfte
41 Hinterbacke ⎫
42 Oberschenkel ⎬ Hanken
43 Knie ⎭
44 Unterschenkel
45 Sprunggelenk
46 Hacke
47 Kastanie
48 Hintermittelfuß
49 Schlauch
50 Hodensack
51 Schweifansatz
52 Sitzbeinspitze
53 Kreuz

Zwischen diesen beiden Pfeilern spannt sich als Brückenbogen die Wirbelsäule. Diese ragt kopfwärts über die Vordergliedmaßen hinaus, bildet so die knöcherne Grundlage des Halses und trägt an ihrem Ende den Kopf; schweifwärts läuft die Wirbelsäule in den Knochen des Schweifes allmählich aus.

Die Rückenwirbelsäule bildet mit den Rippen und dem Brustbein den Brustkorb, der dem Schutz der in ihm liegenden Körperteile dient.

28. Die einzelnen Knochen des Knochengerüstes sind meist beweglich miteinander verbunden. Eine bewegliche Verbindung zweier Knochen heißt Gelenk. Der Grad der Beweglichkeit der Gelenke ist sehr verschieden, je nach dem Bau des Gelenkes und den das Gelenk umgebenden Bändern, Sehnen und Muskeln.

Wichtige Gelenke am Kopf sind das Unterkiefergelenk, das die Kaubewegungen des Unterkiefers gegen den Oberkiefer gestattet, und das Hinterhauptgelenk, welches das Drehen und Nicken des Kopfes ermöglicht.

29. Die Wirbelsäule besteht aus zahlreichen aneinandergereihten Knochen, den Wirbeln, die unter sich durch Gelenke verbunden sind. Durch Zusammenwirken mehrerer solcher Gelenke können ausgedehnte Bewegungen der Wirbelsäule zustande kommen. Die Form der Wirbelsäule (siehe Abb. 1) entspricht ihrer Aufgabe als Brückenbogen.

An dem flach gewölbten Teil der Wirbelsäule zwischen Vordergliedmaßen und Becken sind die

20

Brust= und Baucheingeweide gleichsam aufgehängt. **Auf diesem Bogen ruht die Hauptlast des Reiters.**

Bei der Vorwärtsbewegung des Pferdes wird die von den Hintergliedmaßen ausgehende, vorwärts schiebende Kraft durch die Rückenwirbelsäule auf den ganzen Körper übertragen.

30. Die Vorder= und Hintergliedmaßen des Pferdes besitzen mehrere Gelenke (siehe Abb. 3). Die Knochen der Gliedmaßen stehen in den Gelenken beim ruhig stehenden Pferd in einem bestimmten Winkel zueinander. Die Größe dieser Gelenkwinkel zeigt die Abb. 3.

Von der richtigen gegenseitigen Länge der einzelnen Gliedmaßenknochen und von den richtigen Gelenkwinkeln hängt zum großen Teil ein raumgreifender, federnder Gang des Pferdes ab, der wiederum für die Gesunderhaltung der Bewegungswerkzeuge des Pferdes und für das Gefühl des Reiters wichtig ist. Je stumpfer die Gelenke gewinkelt sind, um so stärker wird die Erschütterung der Knochen beim Aufnehmen der Körperlast in der Bewegung; je spitzer andererseits die Gelenke gewinkelt sind, um so stärker werden die Bänder und Sehnen der Gliedmaßen beansprucht, die dann den größeren Teil der Erschütterung beim Auftreten abfangen müssen.

31. Eine Brücke, die aus zahlreichen, an den Enden beweglich miteinander verbundenen Einzelteilen aufgebaut ist, bekommt nur dann einen festen Halt, wenn sie durch richtig zusammenwirkende Halte= und Verbindungstaue verstrebt ist.

Das gleiche gilt für das aus zahlreichen, in den Gelenken beweglich verbundenen Knochen aufgebaute Knochengerüst. Es gibt daher Körperteile, die die Knochen in kunstvoller Weise verbinden. Solche Körperteile sind die Bänder, Muskeln und Sehnen.

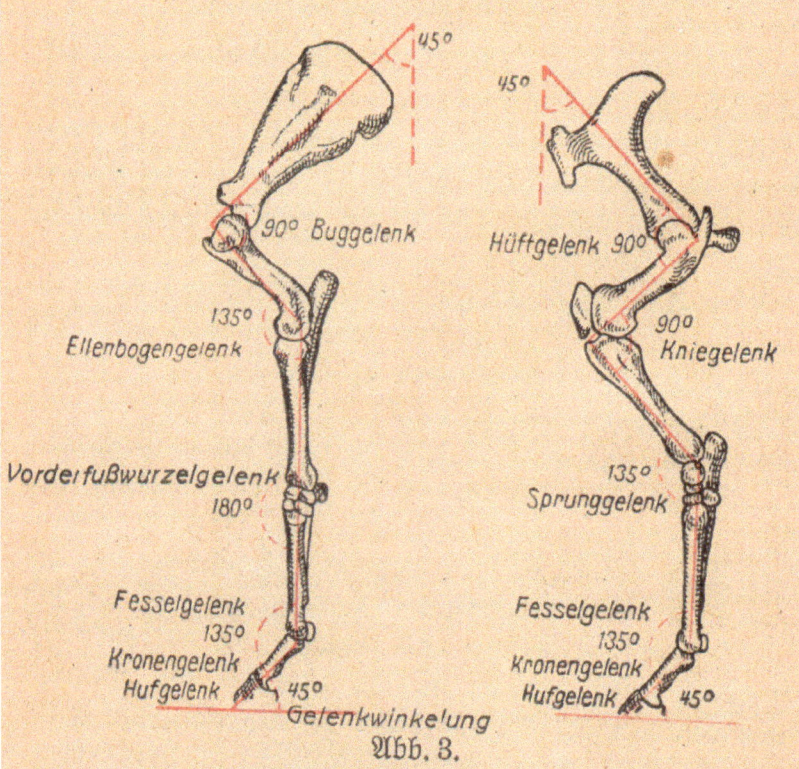

Gelenkwinkelung
Abb. 3.

32. Die Bänder sind strangartige oder flache Gebilde aus wenig durchblutetem, sehr zähem, widerstandsfähigem Gewebe von gelbweißer Farbe. Die Bänder werden durch die Art ihrer Anordnung passiv in Spannung gehalten ebenso wie ein künstliches Haltetau; die Bänder ermüden daher

22

nicht. Durch Überbelastung, ruckartige Zerrungen u. dergl. entstehen jedoch gefährliche Erkrankungen der Bänder.

Jedes Gelenk ist von einer Kapsel aus diesem Gewebe, der **Gelenkkapsel**, und zahlreichen weiteren Bändern umgeben.

Durch eine Anzahl besonders angeordneter Bänder werden die Gelenkwinkel der Gliedmaßen beim ruhig stehenden Pferd festgehalten, ohne daß dazu eine Muskelarbeit des Pferdes notwendig ist. Deshalb vermögen die Pferde einen großen Teil der Ruhe, sogar des Schlafes, im Stehen zu verbringen.

33. Bänder, die mit ihrem einen Ende an einem Knochen, mit dem anderen an einem Muskel angeheftet sind, heißen **Sehnen**. Sie haben die Aufgabe, den durch ihre Muskeln hervorgebrachten Zug auf den Knochen zu übertragen, an dem der Zug wirksam werden muß.

34. Die **Muskeln** sind von den anderen Körperteilen dadurch ausgezeichnet, daß sie sich durch Zusammenziehen verkürzen können und umgekehrt beim Erschlaffen länger werden. Alle Teile des Tierkörpers, die bei Schlachttieren als Fleisch bezeichnet werden, bestehen im wesentlichen aus Muskeln. Die Muskeln setzen sich mit ihren beiden Enden entweder unmittelbar oder mittelbar durch Sehnen an den dazu bestimmten Vorsprüngen verschiedener Knochen an. Verkürzt sich nun der Muskel durch Zusammenziehen, so werden dadurch die Knochen im Gelenk bewegt. Durch das Zusammenwirken und das planmäßige Wechselspiel zwischen

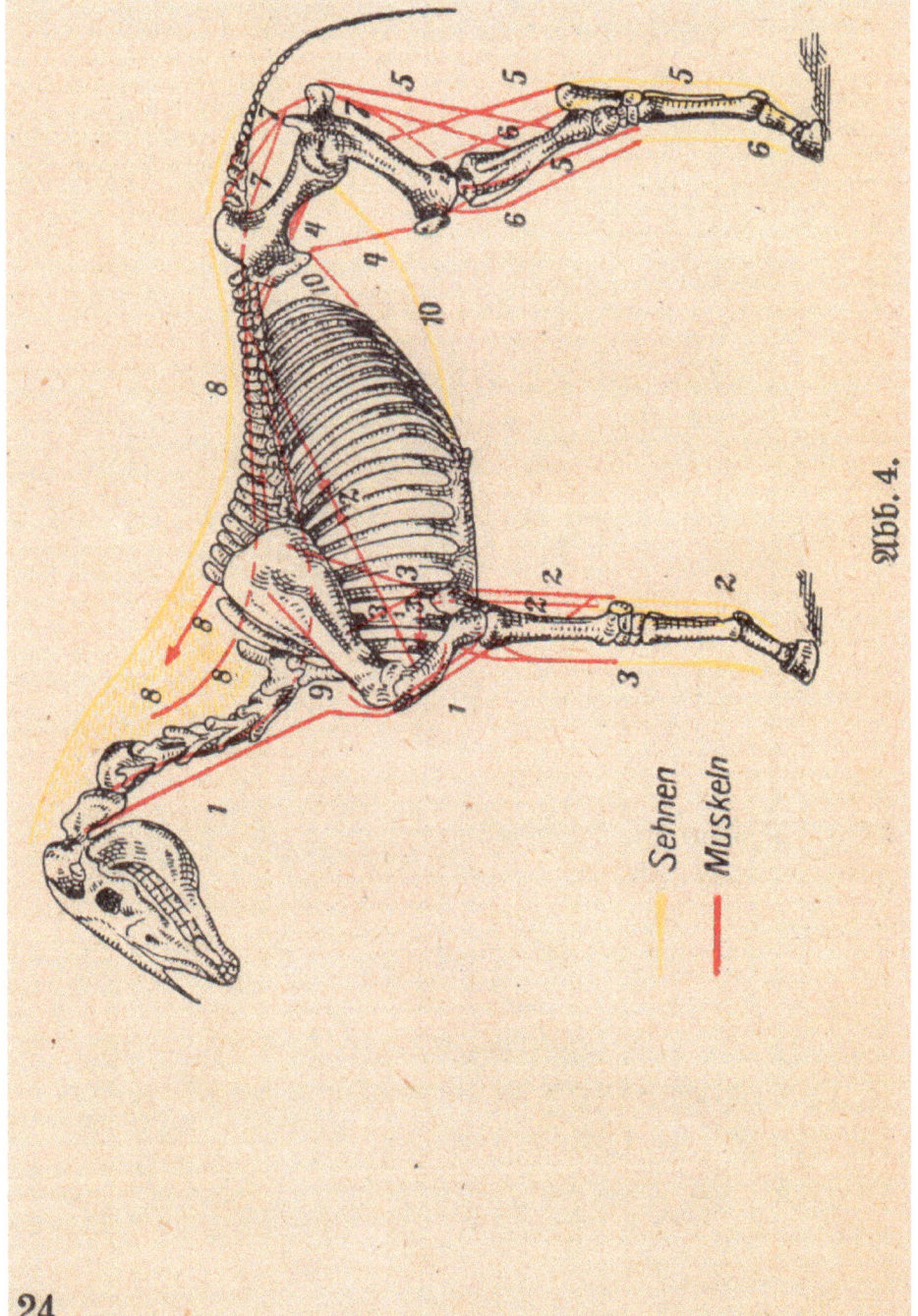

Sehnen
Muskeln

Abb. 4.

24

Stark vereinfachte bildliche Darstellung der wichtigsten
Muskel- und Sehnengruppen.

1. Muskeln, welche die Vordergliedmaßen nach vorn
   bewegen,
2. Beugemuskeln und =sehnen der Vordergliedmaßen,
3. Streckmuskeln und =sehnen der Vordergliedmaßen,
4. Heber und Vorzieher der Hintergliedmaßen,
5. Beugemuskeln und =sehnen der Hintergliedmaßen,
6. Streckmuskeln und =sehnen der Hintergliedmaßen,
7. Kruppenmuskeln, welche bei festgestellten Hintergliedmaßen den Körper nach vorwärts schieben,
8. Bänder- und Rückenmuskeln, welche die Wirbelsäule
   halten und aufwölben; gleichzeitig Strecker des
   Halses,
9. Beuger des Halses,
10. Bauchmuskeln und Bänder, die Brustkorb und
    Becken verbinden und dadurch den Rücken wölben
    helfen.

Zusammenziehen und Erschlaffen zahlreicher Muskeln an den verschiedenen Körperteilen entstehen
die verschiedenartigen, zweckmäßig ablaufenden
Bewegungen einzelner Körperteile und des ganzen
Körper des Pferdes.

Um die Bewegungen durch das Zusammenziehen
auszuführen, müssen die Muskeln Arbeit leisten.
Die dazu erforderliche Kraft wird im Muskel selbst
durch chemische Umsetzungen (Verbrennung) der
den Muskeln durch das Blut zugeführten Nährstoffe erzeugt. Je mehr die Muskeln arbeiten, desto
mehr Blut muß den Muskel durchströmen, um die
notwendigen Nährstoffe zuführen zu können. Daher rührt die große Anstrengung des Herzens bei
anhaltender Körperbewegung. Bei lang anhaltender Arbeit ermüden die Muskeln.

35. Bei der Vorwärtsbewegung des Pferdes
können die vier Gliedmaßen in verschiedener
Reihenfolge nacheinander oder mehrere gleichzeitig
bewegt und wieder auf den Boden aufgesetzt werden. Diese Verschiedenartigkeit der Reihenfolge bedingt die verschiedenen Gangarten des Pferdes:
Schritt, Trab, Galopp, Paßgang.

36. Die inneren Organe des Pferdes
entsprechen denen des Menschen. Die weniger ge-
haltreiche Nahrung des Pferdes und die geringe
Größe seines Magens bedingen eine starke Entwicklung der verschiedenen Darmabschnitte. Das
Herz ist — vor allem bei Rennpferden — stärker
entwickelt als bei anderen Tierarten.

Hinsichtlich der Sinnesorgane ist wichtig, daß
nicht das Auge — wie beim Menschen —, son-

dern Geruchsorgan und Ohren die beim Pferd am feinsten entwickelten und daher wichtigsten Sinnesorgane sind.

Von Bedeutung für den Gebrauch des Truppenpferdes ist auch das Geschlecht. Männliche Pferde (Hengste) werden im allgemeinen vor ihrer Einstellung ins Heer kastriert, d. h. ihre Keimdrüsen werden durch Operation entfernt. Kastrierte männliche Pferde heißen Wallache; sie sind nicht fortpflanzungsfähig, williger zur Arbeit, ruhiger im Temperament und leichter in gutem Nährzustand zu halten als Hengste.

Das weibliche Pferd (Stute) ist im allgemeinen feingliedriger und kleiner als der Wallach, von lebhafterem Temperament, nicht selten schreckhafter und nervöser.

b) Beurteilung des Körperbaues.

37. Die Widerristhöhe eines gut gebauten Pferdes ist etwas kleiner als die Rumpflänge — das Pferd ist länger als hoch —, sie ist etwas größer als die Kruppenhöhe. Pferde, bei denen Widerrist und Kruppe in einer Höhe liegen oder letztere gar höher ist, heißen überbaut. Solche Pferde, ebenso wie die kurzen, greifen sich leicht, zeigen aber meistens einen guten Schwung aus der Hinterhand und oft Anlage zum Springen. Ein leichtes Überbautsein schadet daher nichts, wenn dabei die Kruppe (vgl. Nr. 50) kräftig und mäßig schräg und die Vorhand kräftig entwickelt ist.

Für die Beurteilung der äußeren Formen des
Pferdes werden an dessen Körper Vorhand,
Mittelhand und Hinterhand unter=
schieden.

Zur Vorhand gehören: der Kopf, der Hals,
der Widerrist, die vorderen Teile der Brust, die
Schultern und die vorderen Gliedmaßen.

Zur Mittelhand gehören: der hintere Teil
der Brust mit den Rippen, der Rücken, der Bauch,
die Lenden und die Flanken.

Abb. 5.

Zur Hinterhand rechnet man: das Kreuz,
die Kruppe, die Hinterschenkel und den Schweif.

Ein regelmäßig gebautes Pferd ist
in der Vorhand etwas schmaler als in der Hinter=
hand. Eine zu schmale Vorhand, die meist mit kur=
zer, steifer Schulter und bodenweiter Stellung der
Gliedmaßen verbunden ist, ist für die Leistungs=
fähigkeit wenig günstig. Die Hinterhand soll zu
Nutzen eines guten Nachschubes breit und gut be=
muskelt sein.

28

38. Die Form des Kopfes und die Feinheit seiner Umrisse sind im wesentlichen nur auf die Schönheit des Pferdes von Einfluß. Ein sehr schwerer Kopf ist infolge Überlastung der Vorhand für den Reitgebrauch nicht erwünscht.

Von der Seite gesehen, ist die vom Scheitel zur Nase verlaufende Gesichtslinie entweder g e r a d e (s. Abb. 5a) oder nach außen gewölbt (R a m s - k o p f) (s. Abb. 5b) oder nach innen eingebogen (H e c h t s k o p f).

Der hintere G a n a s c h e n r a n d soll nur eine geringe Wölbung zeigen. Zu breite Ganaschen erschweren dem Pferde die Genickbiegung, ein zu enger Kehlgang erschwert die Beizäumung.

Das G e n i c k muß mäßig breit, lang und schwach gewölbt sein. Ein breites und kurzes Genick erschwert die seitliche Biegung und Beizäumung, zumal wenn die Ohrspeicheldrüsen breit sind und vertieft liegen. Letzteres ist häufig bei dieser Genickform der Fall.

39. Der H a l s muß beim Reitpferd genügend lang und gut bemuskelt sein, damit die von ihm zu den Vordergliedmaßen verlaufenden Muskeln geräumige Schulterbewegungen auslösen können. Beim schweren Zugpferd ist ein kurzer, starker Hals kein wesentlicher Fehler.

Mit A u f s a t z wird die Art bezeichnet, mit der sich der Hals aus der Vorderbrust erhebt. Die Abbildung 2 veranschaulicht einen günstig angesetzten Hals. Ein zu h o h e r A u f s a t z ist oft mit niedrigem Widerrist und wenig tragfähigem Rücken verbunden, während ein t i e f a n g e s e t z t e r

Abb. 6.

Hals zwar meist mit einem tragfähigen Rücken
vereinigt ist, aber ebenso wie ein kurzer Hals die
Dressur erschwert. Beim Zugpferd wird das richtige Verpassen des Geschirrs bei tief angesetztem
Hals schwierig.

Ein „sehr langer und dünner Hals"
(s. Abb. 6a) ist häufig zu beweglich und unstet,

auch gestattet er selten die erforderliche ruhige Anlehnung an das Mundstück. Dasselbe gilt in erhöhtem Maße von dem „Schwanenhals" (s. Abb. 6b), bei dem hoher Aufsatz und Länge in der Regel noch mit hohem Kopfansatz verbunden sind.

Der „Hirschhals" (s. Abb. 6c) ist meist tief angesetzt, in seinem unteren Teil nach vorn herausgedrückt und zu hoch aufgerichtet. Hiermit sind fast immer kurzes Genick und breite Ganaschenbildung verbunden, so daß dem Pferde die Beizäumung erschwert wird und es die Neigung zeigt, ihr nach oben auszuweichen.

40. Der Widerrist soll hoch und lang sein, da dann die Tragfähigkeit des Rückens stärker ist. Bei dieser Widerristform ist die Schulterfreiheit in der Regel gut. Im Gegensatz hierzu muß der kurze und niedrige Widerrist bei Reitpferden als ein Mangel angesehen werden, da hierbei die Sattellage meist ungünstig ist. Ein hoher und dabei kurzer Widerrist ist leicht Beschädigungen durch den Sattel ausgesetzt.

Der Widerrist des Tragtieres soll breit und niedrig sein, da die Last sonst starke Druckstellen hervorruft.

41. Die Schulter soll lang und breit sein, sie soll schräg gelagert sein, um langen und kräftigen Muskeln als Ansatzstelle zu dienen. Bei solcher Schulter ist der Schritt gut und geräumig. Die kurze und steile Schulter bedingt in der Regel einen kurzen, unelastischen Schritt.

42. Beim Oberarm sind ebenfalls Länge und Lage auf die Schrittweise von Einfluß. Bei schräger Lage der Schulter und langem, schrägem Oberarm ist der Winkel des Schultergelenks klein; da er in diesem Falle weit geöffnet werden kann, so haben solche Pferde eine große Schrittlänge.

43. Der Unterarm soll als tragende Säule senkrecht stehen und stark bemuskelt sein. Er steht hinsichtlich seiner Länge meist im umgekehrten Verhältnis zum Vordermittelfuß.

Langer Unterarm mit kurzem Vordermittelfuß bedingt bei entsprechender Winkelung der Gliedmaßen einen langen, jedoch flachen Schritt, bei umgekehrtem Verhältnis wird der Schritt kurz und hoch sein.

44. Die Vorderfußwurzel soll senkrecht zwischen Unterarm und Vordermittelfuß eingefügt sein und eine gute Entwicklung erkennen lassen. Die Vorderfläche soll eine schwache Wölbung zeigen; der Übergang der hinteren Fläche zum Vordermittelfuß soll gerade oder nur leicht ausgeschweift sein. Zu starke Aushöhlung an dieser Stelle bezeichnet man als „geschnürt". Diese Form weist meist auf ein schwaches Gelenk hin.

45. Der Vordermittelfuß soll senkrecht stehen und kräftig erscheinen; von der Seite gesehen soll er breit und trocken sein. Die an seiner Rückfläche verlaufenden Beugesehnen müssen sich deutlich voneinander abheben.

46. Der Fesselkopf (Fesselgelenk) soll, besonders von der Seite betrachtet, breit sein, um den Sehnen und Gelenkbändern gute Ansatzflächen zu bieten.

Der unterhalb des Fesselkopfes befindliche Teil der Gliedmaße, die Zehe, schließt mit dem Huf ab.

Der Rücken soll nicht zu lang sein, seine obere Begrenzung soll eine möglichst waagerechte Linie bilden. Seine Tragfähigkeit ist mit abhängig von

Abb. 7.

der Entwicklung der Muskeln des Rückens, der oberen und unteren Halsmuskeln sowie der Bauchmuskeln. Übermäßige Länge des Rückens beeinträchtigt das Tragvermögen und erschwert das richtige Ineinandergreifen der Tätigkeit von Hinterund Vorderhand. Die Nachteile eines langen Rückens können bis zu einem gewissen Grade durch kräftige Entwicklung der Lenden ausgeglichen werden. Der Senkrücken (s. Abb. 7), bei dem die Rückenlinie nach unten durchgebogen ist, ist für den

Reitgebrauch im allgemeinen nachteilig. Der Karpfenrücken (f. Abb. 8), bei dem die Rückenlinie in ihrem hinteren Teil nach oben aufgewölbt ist, veranlaßt in der Regel einen harten Gang.

47. Die Brust soll breit, tief, lang und gut gewölbt sein, um möglichst viel Raum für Herz und Lunge zu haben. Die Größe des Brustraumes ist

Abb. 8.

für die Leistungsfähigkeit des Pferdes von wesentlicher Bedeutung. Die auf einer flachen Wölbung der vorderen Rippen und einer schwachen Ausbildung der Brustmuskeln beruhende „schmale Brust" läßt auf eine mangelhafte Entwicklung der Lungen schließen und verbürgt keine sichere Sattellage.

Zu starke Wölbung der Rippen bedingt meistens eine ungünstige Lage der Schulter.

48. Der Umfang des Bauches soll dem des Brustkorbs entsprechen und Platz für gut ent-

34

wickelte Eingeweide bieten. Die untere Bauchlinie soll allmählich nach hinten ansteigen. Seitlich darf der Bauch nicht oder nur wenig über die Seitenbrust hervortreten. Einen stark nach oben ansteigenden Bauch nennt man „aufgeschürzt". Ein solcher Bauch deutet auf schlechte Futterverwertung.

Ein zu flacher Rippenbau, ein ganz runder Leib sowie ein dicker Bauch oder aufgeschürzte Flanken beeinträchtigen die Lage des Sattels und Geschirrs.

49. Die Lenden sollen kurz sein; dann ist das Pferd gut geschlossen und eine feste Verbindung zwischen Hinter= und Vorhand gegeben.

50. Die Kruppe soll lang sein, mäßig schräg und je nach der Gebrauchsart des Pferdes entsprechend breit und von kräftigen Muskeln ausgefüllt sein.

Von der Breite der Kruppe hängt die Dicke der Muskeln, somit deren Hubkraft ab. Mit der Länge der Kruppe wächst auch die Länge der Muskeln und deren Hubhöhe. Auch die Höhe der Kruppe ist für die Arbeitsleistung von großer Bedeutung.

Eine gerade Kruppe bei genügender Länge und Breite ist nicht zu verwerfen, sie ist für die Schnelligkeit günstig und findet sich bei Vollblutpferden oft.

Eine abschüssige Kruppe ist fast durchweg bei den Kaltblutpferden anzutreffen. Sie ist für den Schrittdienst (Ziehen schwerer Lasten) gut geeignet. Für rasche Gangarten ist die abschüssige Kruppe, da die Bewegung der Hinterhand wenig ausgreifend ist, ungeeignet.

51. Der Schweif soll hoch angesetzt sein, nicht tief oder eingeklemmt.

52. Die Stellung der Gliedmaßen ist von besonderer Bedeutung. Man muß sich daher die Gliedmaßen sowohl von der Seite als auch von vorn und hinten betrachten, um beurteilen zu können, ob ein Pferd regelmäßig oder unregelmäßig gestellt ist.

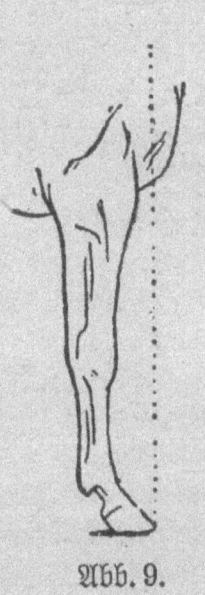 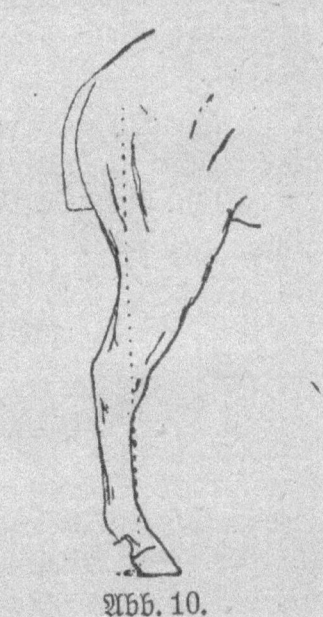

Abb. 9.   Abb. 10.

Betrachtet man ein normal gebautes Pferd von der Seite, während es alle vier Gliedmaßen belastet, so sollen alle vier Gliedmaßen senkrecht stehen, rechte und linke Vordergliedmaße und rechte und linke Hintergliedmaße einander decken. Die Vordergliedmaße steht regelmäßig, wenn eine an der Hufzehe errichtete Senkrechte das Buggelenk trifft (s. Abb. 9).

36

Die Hintergliedmaße steht von der Seite gesehen regelmäßig, wenn eine am Ende der Huftracht errichtete Senkrechte das Hufgelenk trifft (s. Abb. 10).

„Vorständig" heißt die Stellung, wenn die Senkrechte vor (s. Abb. 11),

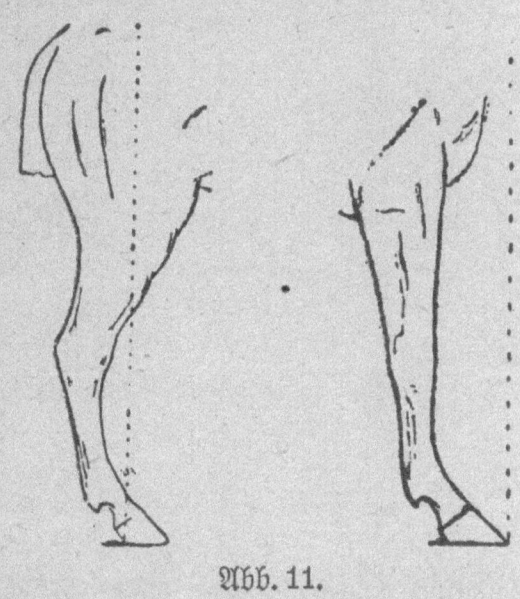

Abb. 11.

„rückständig", wenn die Senkrechte hinter die bezeichneten Punkte fällt (s. Abb. 12).

Steht die Vordergliedmaße von der Vorderfußwurzel an abwärts vor der Senkrechten, so nennt man dies „vorbiegig" (s. Abb. 13); steht die Vordergliedmaße von der Vorderfußwurzel an abwärts hinter der Senkrechten, so nennt man dies „rückbiegig" (s. Abb. 14).

Letztere Stellung heißt auch „kniehängig, loses oder lockeres Knie"; sie kann ange-

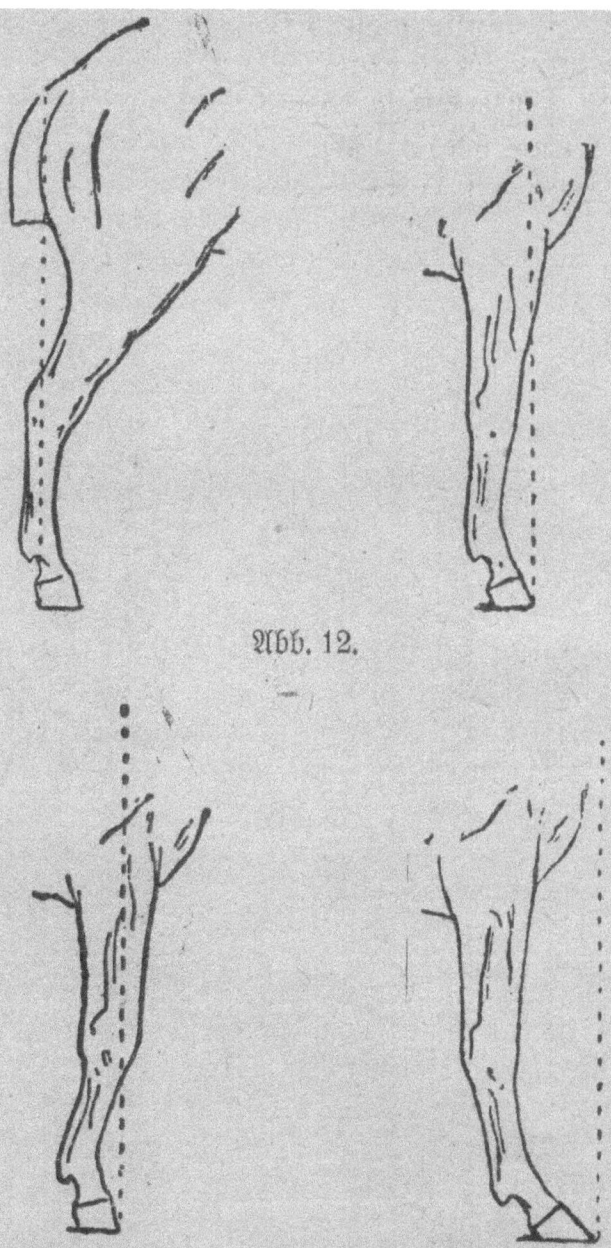

Abb. 12.

Abb. 13.   Abb. 14.

boren (Vollblüter, edle Halbblüter) oder erworben sein.

Beim angeborenen losen Knie steht die Fessel meist normal schräg, die Vorderfußwurzel zittert nicht und knickt nicht ein. Pferde mit angeborenem losem Knie können trotzdem ausdauernd und sicher im Gang sein.

Das erworbene lockere Knie ist ein Zustand des beginnenden Verbrauches. Solche Pferde haben einen unsicheren, stolpernden Gang und knicken im Vorderfußwurzelgelenk zusammen. Im Ruhezustand zittern die Füße, die Fesseln sind steil gestellt. Zittern und Einknicken im Vorderfußgelenk deutet darauf hin, daß das „lose Knie" erworben ist.

Steht der Hintermittelfuß schräger zum Erdboden als bei der regelmäßigen Stellung, so spricht man von „säbelbeiniger" Stellung.

Bildet die Fessellinie, von der Seite gesehen, einen Winkel bei der Vordergliedmaße von 45 bis 50°, bei der Hintergliedmaße von 50—55° zum Erdboden, so nennt man dies „normal gefesselt". Sind diese Winkel kleiner, so spricht man von „spitz gefesselt", sind sie größer von „stumpf gefesselt".

Spitz gewinkelte Fesseln erzeugen einen weichen, federnden Gang, die Sehnen werden hierbei jedoch stark in Anspruch genommen. Stumpf gewinkelte Fesseln erzeugen einen harten, stoßenden Gang, wobei die Gelenke stark beansprucht werden.

Die Stellung der Vordergliedmaßen ist regelmäßig, wenn eine in der

Mitte der Hufzehe errichtete Senkrechte, sowohl von der Seite als auch von vorn gesehen, das Bug= gelenk trifft (s. Abb. 9 und Abb. 15).

Die Hintergliedmaße steht von hin= ten gesehen regelmäßig, wenn eine in der Mitte der Ballengrube errichtete Senkrechte den Sitzbeinhöcker trifft (s. Abb. 16).

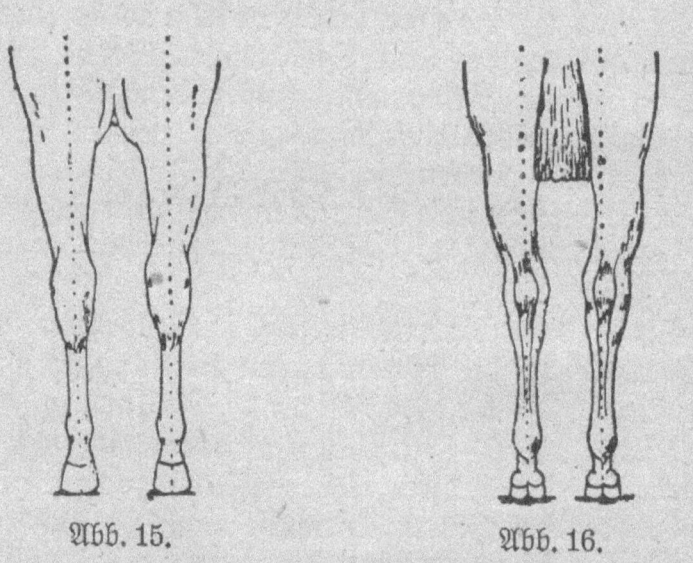

Abb. 15.   Abb. 16.

Wenn die Gliedmaßen vom Schulter=(Bug=)= gelenk ab in ihrer ganzen Länge nach unten aus= einanderweichen, so bezeichnet man die Stellung als „bodenweit" (s. Abb. 17), wenn sie sich nähern, als „bodeneng" (s. Abb. 18).

Bei den Hintergliedmaßen stehen vielfach die beiden Unterschenkel und Hintermittelfüße nicht parallel zueinander, sondern verlaufen vom Knie zum Sprunggelenk nach innen und von da nach außen, wodurch die Sprunggelenke sich stark nähern.

40

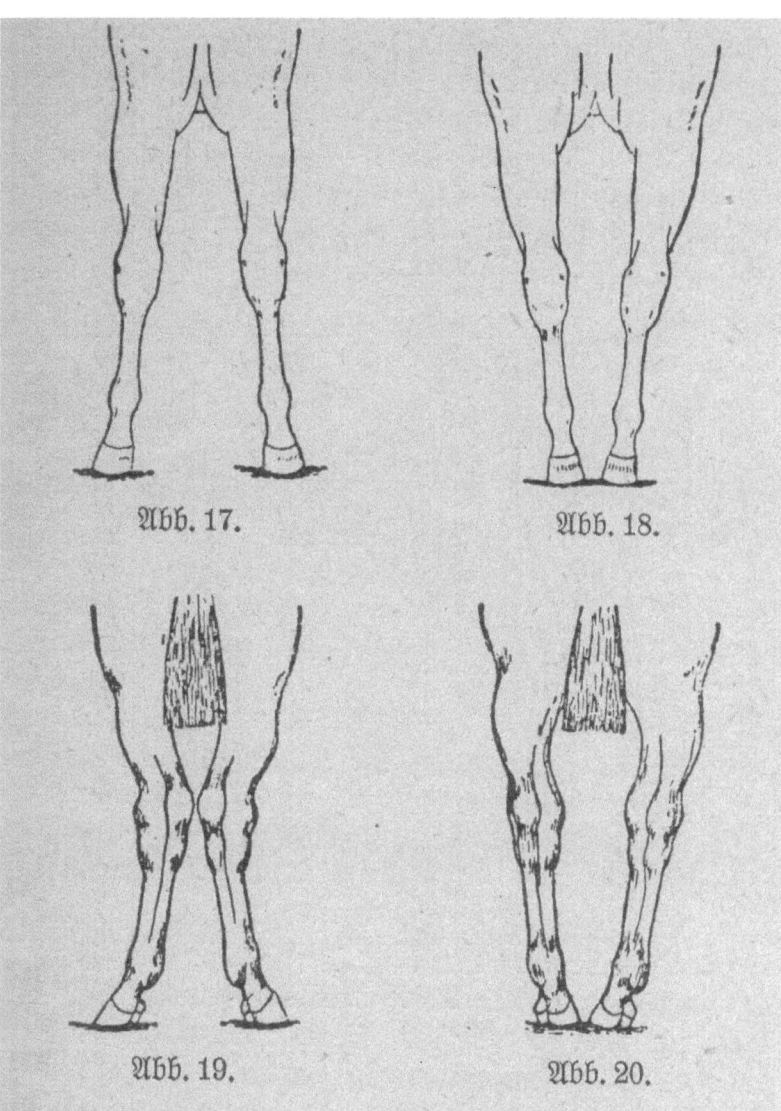

Abb. 17.   Abb. 18.

Abb. 19.   Abb. 20.

Diese Stellung nennt man „kuhhessig" (s.
Abb. 19). Verlaufen die Unterschenkel nach außen
und die Hintermittelfüße nach innen, so spricht
man von „faßbeinig" (s. Abb. 20). Beide Stel=

lungen kommen häufig bei Kaltblütern und schwe=
ren Warmblütern vor. Weichen die Zehen der von
vorn gesehenen Hintergliedmaßen oder der von
hinten gesehenen Hintergliedmaßen vom Fesselkopf
abwärts nach außen bzw. nach innen ab, so bezeich=
net man diese Stellung als „zehenweit" (s.
Abb. 21) oder „zeheneng" (s. Abb. 22).

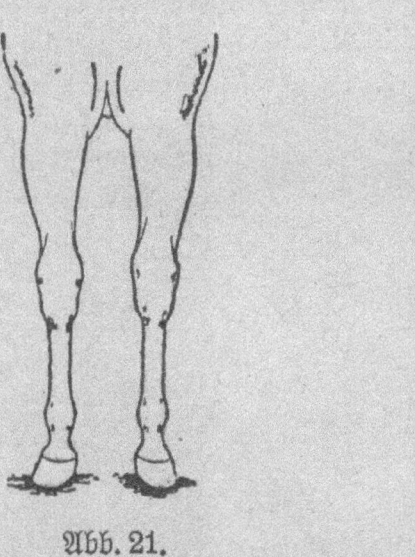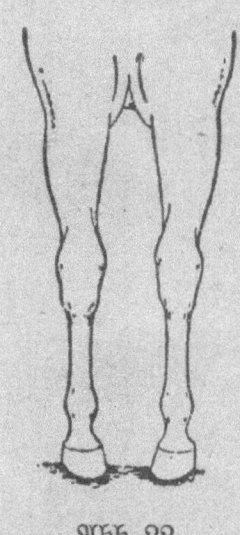

Abb. 21.   Abb. 22.

53. Das Maultier ist im allgemeinen kleiner
als das Pferd. Die Widerristhöhe beträgt 140 bis
150 cm. Der Kopf des Maultieres mit langen
Ohren ist verhältnismäßig groß. Der Hals ent=
behrt meist der Wölbung, er ist kurz und hart.
Der Rücken ist häufig gerade, im hinteren Teil oft
leicht nach oben gewölbt (Karpfenrücken). Die
Kruppe ist kurz und schmal und meistens abschüssig.
Die Brust ist schmal mit flacher Rippenwölbung, die

Flanken sind kurz. Die Gliedmaßen sind im allge=
meinen schwach bemuskelt, dabei doch fest und hart;
besonders der sehnige Teil ist widerstandsfähig und
ausdauernd. Die Hufe sind eng mit schmalem
Strahl, aber fest und hart gefügt. Mähnen= und
Schweifhaare sind gering entwickelt.

**54. Bei der Auswahl der Maultiere
zum Tragedienst sind folgende Forderungen
zu stellen:**

Der Widerrist soll breit und niedrig sein, um ein
gutes Liegen des Tragesattels zu ermöglichen. Der
Rücken, der für die Traglast von ausschlaggebender
Bedeutung ist, muß vom Widerrist bis zur Kruppe
möglichst gerade sein oder eher dazu neigen, nach
oben etwas gewölbt zu sein. Dabei muß der Rücken
breit und gut bemuskelt und nicht zu lang sein.
Die Lende soll, um die Tragfähigkeit des Rückens
zu erhöhen, gut geschlossen sein. Der Rumpf (Brust=
korb) soll nicht die runde Form einer Tonne, son=
dern mehr die eines Ovals aufweisen. Dadurch ist
eine sichere Lage des Tragesattels gewährleistet
und die Gefahr des Verschiebens der Last nach der
Seite wesentlich vermindert.

Die Gliedmaßen sollen stark in den Knochen und
mit festen Muskeln versehen sein. Die Form der
Vorhand ist beim Maultiere von geringerer Be=
deutung als beim Pferde. Der Vordermittelfuß soll
etwa so lang wie der Unterarm sein, da solche
Tiere einen höheren Schritt haben, der im Ge=
birge die Überwindung von Steigungen erleichtert.
Die bei Maultieren häufig anzutreffende kuhhes=
sige oder säbelbeinige Stellung der Hinterglied=

maßen ist kein Nachteil, sondern, da diese Stellungen beim Bergsteigen die Überbeanspruchung der Sprunggelenke möglichst verhindern, sogar erwünscht.

c) Haarfarbe und Abzeichen des Pferdes.

55. Die Haut des Pferdes ist dicht mit Haaren bedeckt. An den Augenlidern, der Innenfläche der Schenkel wird die Behaarung sehr fein; an der Mähne, dem Schweif und Kötenzopf entwickeln sich Haare von besonderer Stärke und Beschaffenheit. Die Haare stehen schräg in der Haut, und zwar auf großen Flächen in der gleichen Richtung, diese Richtung nennt man den „Strich", er geht beim Pferd an den Rumpfseiten nach hinten, an den Beinen nach unten, an manchen Stellen, z. B. Lenden, treffen verschiedene Richtungen gegeneinander, es entstehen Haarwirbel. Die schräg gestellten Haare decken sich dachziegelartig und geben so guten Kälte- und Nässeschutz.

Im Frühjahr und Herbst wechselt das Pferd seine Haare, ausgenommen die Tasthaare der Lippen, Nüstern usw. Das Sommerhaar ist kurz, fein, glänzend, das Winterhaar lang, wollig und weniger glänzend. Bei Pferden von edler Rasse ist das Haar kurz und seidenartig, bei gesunden und wohlgepflegten Pferden auch in der Haarwechselperiode glatt. In der Haarwechselperiode sind die Pferde schonungsbedürftig.

56. Nach der Haarfarbe teilt man die Pferde ein in:

44

Schimmel, Falben, Füchse, Braune, Rappen (vorwiegend einfarbiges Haar), Schecken und Tiger (gemischtes Haar).

Bei der Truppe werden im allgemeinen nur Füchse, Braune und Rappen, in Ausnahmefällen auch Schimmel eingestellt.

57. Füchse haben rotes (fuchsiges) Grundhaar, dabei helle oder rote Mähne und gleichfarbigen Schweif. Hat ein Pferd „hellfarbige" Haare am Körper, aber schwarze Mähne und Schweif, so gilt es als „Hellbrauner". Man unterscheidet „Hell- und Dunkel-Füchse". Glänzen die Haare golden, so spricht man von einem „Gold-fuchs". Einen Fuchs mit gelber Fuchsfarbe be-zeichnet man als „Lehmfuchs".

58. Die braune Farbe kommt bei den Pferden der Truppe am häufigsten vor. „Braune Pferde" haben schwarze Mähnen und Schweife. Man unterscheidet „Hellbraune", „Braune", „Dunkelbraune" und „Schwarzbraune". Braune haben meistens schwarze Beine, Schwarz-braune häufig braune Lippen (Kupfermaul).

59. Pferde mit schwarzem Haar heißen Rap-pen. Ist das Haar zugleich glänzend, so spricht man von „Glanzrappen". Pferde, die im Sommer tiefschwarz erscheinen, im Winter dagegen mehr bräunlich sind, nennt man „Sommer-rappen".

60. Haben Füchse, Braune oder Rappen ver-einzelt weiße Haare über den ganzen Kör-

per eingestreut, so daß die Gesamtfarbe nicht geändert wird, so bezeichnet man dies als „stichelhaarig". Es gibt also stichelhaarige Füchse, Braune und Rappen.

61. Selten ist ein Pferd über den ganzen Körper einfarbig, am Kopfe und an den Füßen befinden sich meist Stellen von verschiedener Größe und Gestalt mit weißen Haaren, die angeboren sind. Diese nennt man Abzeichen.

Von den echten, angeborenen weißen Abzeichen sind weiße Haarflecke zu unterscheiden, die nach geheilten Sattel- und Geschirrdrücken und ähnlichen Hautverletzungen entstehen (Druckflecke). Bei echten Abzeichen ist nicht nur das Haar, sondern auch die darunter liegende Haut hell; bei Druckflecken sind nur die Haare weiß, die darunter liegende Haut hat die gleiche Farbe wie die Umgebung der Flecke, die Haare in der Hauptfarbe des Pferdes (Fuchs, Brauner, Rappen usw.) trägt.

62. Ein kleiner weißer Fleck auf der Stirn wird mit „Stern" (s. Abb. 23a) bezeichnet. Ist dieser besonders klein und unregelmäßig, so spricht man von „Flocke", „Blümchen" oder „Flämmchen" (s. Abb. 23b).

63. Einen von der Stirn sich nach den Lippen zu ziehenden, verschieden langen und breiten weißen Haarstreifen bezeichnet man mit „Blässe" (s. Abb. 23 c). Man unterscheidet „schmale", „breite", „unregelmäßige" und „durchgehende Blässe". Die durchgehende Blässe zieht sich bis auf die Oberlippe herab. Reicht die

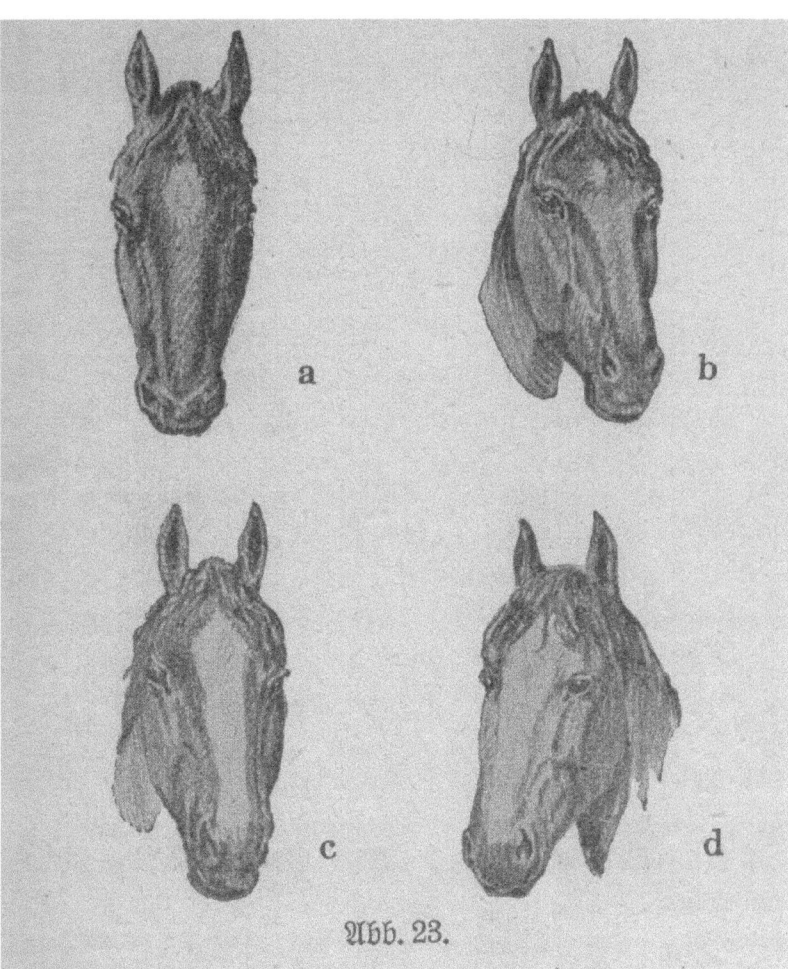

a b

c d

Abb. 23.

Bläſſe an die Backen, ſo ſpricht man von einer „Laterne" (ſ. Abb. 23d).

64. Einen weißen oder fleiſchfarbenen Fleck auf der Oberlippe bezeichnet man mit „Schnippe". Die Unterlippe kann weiß oder weißgefleckt ſein.

65. Die nähere Bezeichnung der Abzeichen an den Beinen richtet ſich danach, ob dieſe ſich

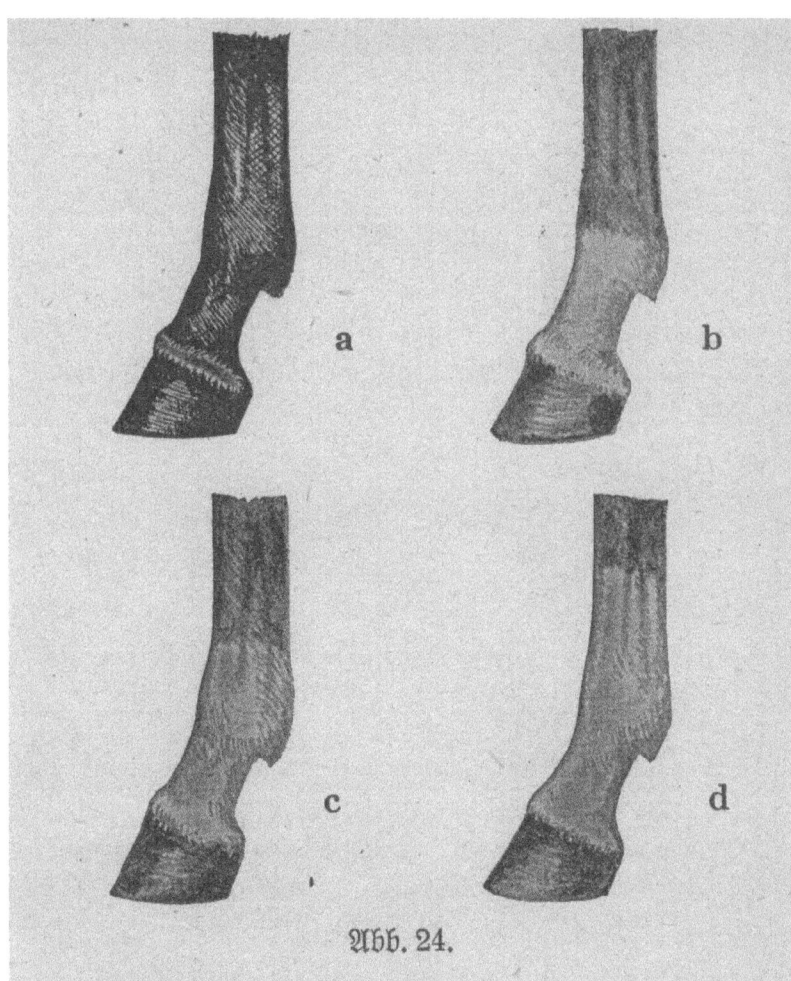

Abb. 24.

vorn oder hinten, rechts oder links, innen oder
außen befinden.

Man unterscheidet weiße Krone (f.
Abb. 24a), weiße oder halbweiße Fessel
(f. Abb. 24b und c). Hat der Fuß weiße Haare bis
zur Hälfte des Mittelfußes, so spricht man von
„halbgestiefelt" (f. Abb. 24d), reichen die

weißen Haare bis zum Vordermittelfuß bzw. Sprunggelenk, so spricht man von „ganz ge-stiefelt", reichen die weißen Haare über die Vorderfußwurzel oder das Sprunggelenk hinaus, so spricht man von „hoch gestiefelt".

66. Füße mit Abzeichen sind gegen äußere Ein-flüsse weniger widerstandsfähig als solche ohne Ab-zeichen. Bei Abzeichen an den Füßen ist in der Regel das Hufhorn entsprechend weiß, gelblich oder gestreift.

d) Zahnalter des Pferdes und des Maultieres.

67. Das Alter des Pferdes ist für seinen Gebrauchszweck von großer Bedeutung. Nur voll entwickelte und ausgewachsene Pferde können zu anstrengenden Leistungen herangezogen werden, wenn sie nicht vorzeitig verbraucht werden sollen.

Das edle Pferd ist spät reif, es beendet erst zwi-schen dem 5. und 7. Lebensjahr seine Entwicklung. Das kaltblütige Pferd ist früh reif und gelangt schon mit etwa 4 Jahren in den Vollbesitz seiner Kräfte.

Das Alter eines Pferdes wird neben seinem all-gemeinen Aussehen vorzugsweise an der Gestalt und Stellung der Schneidezähne geschätzt (s. Abb. 25).

68. Das Pferd besitzt im Ober- und Unterkiefer je 6 Schneidezähne, je 12 Backenzähne und im Zwischenraum zwischen den Schneide- und Backenzähnen, der „Lade", vereinzelt stehend je

2 Hakenzähne. Diese kommen jedoch bei Stuten meist nicht zum Durchbruch. Ebenso wie beim Menschen entwickeln sich beim Pferde die Zähne zweimal. Die zuerst gebildeten Milch= oder Fohlenzähne fallen nach einiger Zeit aus und werden durch die bleibenden oder Er= satzzähne ersetzt. Die Milchschneidezähne unter= scheiden sich von den bleibenden Schneidezähnen dadurch, daß sie kürzer, breiter und weißer sind und einen deutlichen Hals erkennen lassen. Außer= dem ist die Vorderfläche glatter als die der blei= benden Zähne, die eine deutliche Längsfurche zei= gen. Die Zangen wechseln mit 2½ Jahren, die Mit= telzähne mit 3½ Jahren und die Eckzähne mit 4½ Jahren. In diesem Alter kommen beim Hengst und Wallach auch die Hakenzähne zum Durchbruch, die von vornherein als bleibende erscheinen. In der Zeit vom 1. Monat bis zum 5. Jahre ent= wickeln sich auch die Backenzähne. Mit 5 Jahren ist das bleibende Gebiß voll entwickelt.

Die Schneidezähne besitzen in der Mitte ihrer Reibfläche eine sackartige Einstülpung des Zahn= schmelzes (wie bei einer Flasche der eingestülpte Boden), die von der Reibfläche aus etwa ¼ der Zahnlänge in den Zahn von oben hineinragt. Durch diese Schmelzeinstülpung entsteht an der Reibfläche eine von einem Schmelzring umgebene dunkle Vertiefung, die Kunde oder Bohne genannt wird (s. Abb. 25a). Da die Zähne sich an der Reib= fläche ständig abnutzen, verschwindet die nur in dem oberen Teil des Zahnes vorhandene Schmelz= einstülpung und damit die Kunde bis auf eine kleine bleibende Spur in einer bestimmten Zeit, und zwar:

an den Zangen des Unterkiefers mit etwa 6 Jahren,

an den Mittelzähnen des Unterkiefers mit etwa 7 Jahren,

an den Eckzähnen des Unterkiefers mit etwa 8 Jahren,

an den Zangen des Oberkiefers mit etwa 9 Jahren,

an den Mittelzähnen des Oberkiefers mit etwa 10 Jahren,

an den Eckzähnen des Oberkiefers mit etwa 11 Jahren.

69. An den Eckzähnen des Oberkiefers bildet sich meist mit etwa 9 Jahren durch Abreibung ein dreieckiger Ausschnitt, der sogenannte Einbiß (s. Abb. 25b). Dieser verschwindet mit dem 11. bis 13. Jahre wieder. Neben diesen Merkmalen bildet die Form der Reibefläche der Schneidezähne einen Anhalt für das Alter des Pferdes. Diese ändert sich dadurch, daß der Querschnitt des Zahnes im oberen Teil queroval, dann nach unten fortschreitend rund, dreieckig und schließlich längsoval (von vorn nach hinten) ist. Infolge der fortschreitenden Abreibung werden daher die Reibflächen der Schneidezähne vom 12. Jahr ab rundlich und etwa vom 16. bis 18. Jahre ab dreieckig. Ganz alte Pferde zeigen längsovale Reibeflächen.

1. Die Reibfläche der Zähne ist queroval 5. bis 11. Jahr.

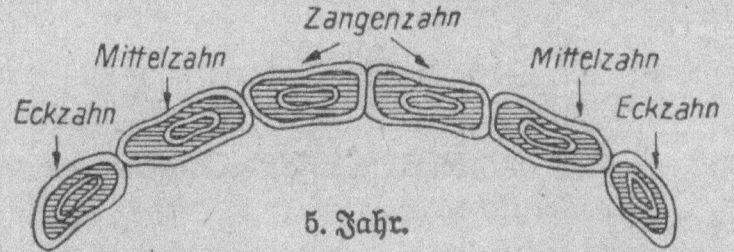

5. Jahr.

2. Die Reibfläche der Zähne ist rundlich 12. bis 15. Jahr.

12. Jahr.

3. Die Reibfläche der Zähne ist dreieckig 16. bis 19. Jahr.

18. Jahr.

4. Die Reibfläche der Zähne ist längs= oder verkehrtoval
20. oder mehr Jahre.

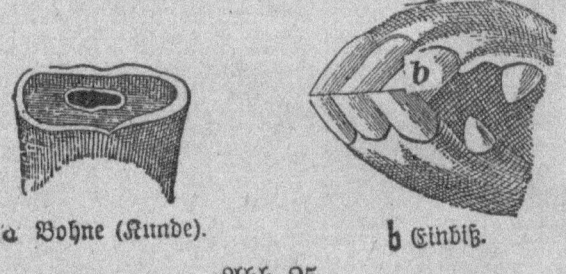

a Bohne (Kunde).　　b Einbiß.

Abb. 25.

70. Ein sehr wichtiges Zeichen, ob man es mit einem jungen oder alten Pferd zu tun hat, bildet die Stellung der Schneidezähne zueinander. In der Jugend stehen die Schneidezähne des Ober= zu denen des Unterkiefers bei geschlossenem Maul von der Seite gesehen fast senkrecht (beiß=zangenartig), mit zunehmendem Alter nehmen sie eine mehr nach vorwärts gerichtete Stellung ein, bilden also einen spitzen Winkel, der im späteren Alter nach vorn immer spitzer wird (flachzangenartig).

71. Eine einigermaßen sichere Schätzung des Alters nach den Zähnen ist nur bis etwa zum 9. Jahr möglich. Darüber hinaus wird sie unsicher.

Durch Ausziehen der Milchzähne kann der Zahn=wechsel beschleunigt und damit ein Pferd den Zähnen nach älter gemacht werden.

Betrügerischerweise künstlich eingebrannte Kunden unterscheiden sich von den natürlichen durch Fehlen des Schmelzrandes; im übrigen ist der Betrug auch durch die Form der Reibefläche und die Stellung der Schneidezähne (Vorwärtsrichtung) zu erkennen.

e) Huf und Hufbeschlag.

72. Die Grundlage des Hufes des Pferdes (s. Abb. 26) bildet das Hufbein, an ihm setzen sich die langen, mit Muskeln des Unterarms bzw. =schenkels verbundenen Streck= und Beugesehnen, zahlreiche Bänder, sowie die Hufknorpel und das Strahlbein an. Der Huf ist zum Schutz gegen äußere Einwirkungen mit einer festen Hornkapsel, die im feineren Bau und der Art ihres Wachstums etwa dem Fingernagel des Menschen vergleichbar ist, umgeben.

Die Hornwand, der festeste und zäheste Teil der Hornkapsel, ist am stehenden Fuß von vorn und von

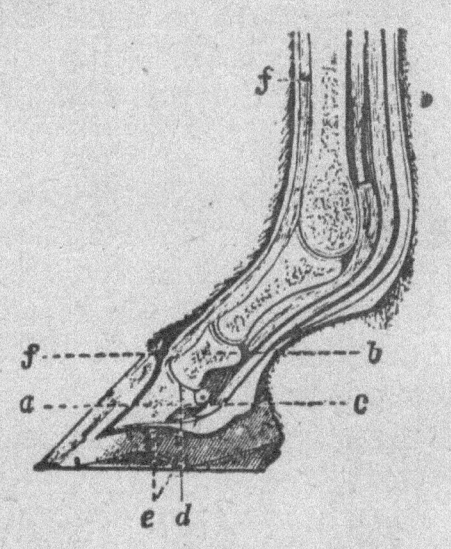

Abb. 26.

a) Hufbein,   d) Hufgelenk,
b) Kronenbein,   e) Hufbeinbeugesehne,
c) Strahlbein,   f) Strecksehne.

der Seite sichtbar. An der Hornwand werden die Hufeisen durch Nägel befestigt. Das untere Ende der Hornwand bildet mit der weißen Linie und dem äußeren Sohlenrand den Tragerand des Hufes, der beim Auftreten die Hauptlast des Körpers auffängt. Auf dem Tragerand liegt das Hufeisen auf (s. Abb. 27a).

54

73. Die H o r n s o h l e (ſ. Abb. 27b) iſt eine nach oben gewölbte Hornplatte, ungefähr gleich dick wie die Hornwand, aber weniger feſt und zähe als dieſe.

74. Der H o r n ſt r a h l (ſ. Abb. 27c) iſt weich und elaſtiſch, er dient als ſtoßbrechende Feder beim Auf= treten.

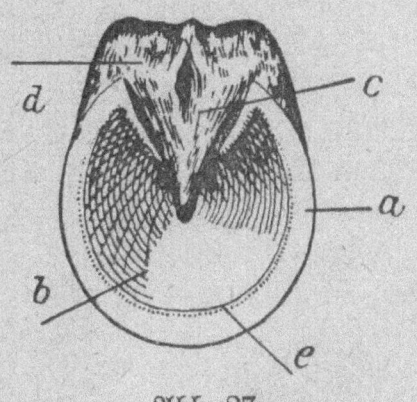

Abb. 27.

a) Tragerand,   d) Ballen,
b) Hornſohle,   e) weiße Linie.
c) Hornſtrahl,

75. Vom Hornſtrahl aus geht das weiche elaſtiſche S a u m b a n d (H o r n ſ a u m) über die B a l l e n um den oberſten Teil der Hornwand — den Kronen= rand — und verbindet den Hornſchuh mit der Haut.

76. Ebenſo wie der Strahl dienen auch die H u f = k n o r p e l und das S t r a h l p o l ſt e r, welche die Grundlage der Ballen (ſ. Abb. 27d) bilden, als Federung beim Abfangen des Körpergewichts.

77. Das H o r n d e r H o r n w a n d wächſt von der Krone aus nach unten. Das Hornwachstum dauert im vorderen Abſchnitt des Hufes, der Zehe, ungefähr 12, an der Seitenwand etwa 8, an den hinteren Abschnitten des Hufes, den Trachten, etwa 5 Monate.

78. Ein regelmäßiger Huf läßt sich an folgenden Merkmalen erkennen:

Der regelmäßige Vorderhuf.
(S. Abb. 28 und 29.)

Die Länge der Zehenwand verhält sich zur Länge der Trachtenwand etwa wie 3 : 1, beide neigen sich zur Waagerechten unter einem Winkel von 45 bis 50° (s. Abb. 28).

Abb. 28.   Abb. 29.

Von vorn gesehen (s. Abb. 29) ist die Zehe rund; die Seitenwände verlaufen schräg nach außen unter einem Winkel von etwa 80°, die Bodenfläche ist annähernd rund. Die Hornwand ist an der Zehe am dicksten, der Tragrand (s. Nr. 72) dementsprechend hier am breitesten. Die Sohle ist gleichmäßig gewölbt.

Der regelmäßige Hinterhuf.

Die Länge der Zehenwand verhält sich zur Länge der Trachtenwand etwa wie 2,5 : 1; beide einigen sich zur Waagerechten unter einem Winkel von 50

56

bis 55°. Der Hinterhuf ist an der Zehe spitzrund; die Dicke seiner Hornwand nimmt nach den Trachten zu in geringerem Maße ab als beim Vorderhuf. Die Hornsohle des Hinterhufes ist stärker gewölbt als die des Vorderhufes.

79. Während bei wildlebenden Pferden das Verhältnis zwischen Wachstum und Abnutzung des Hufhornes durch die naturgemäßen Lebensverhältnisse ausgeglichen wird, ergibt sich für unsere Gebrauchspferde die Notwendigkeit des Hufbeschlages, da auf harten Kunststraßen die Abnutzung des Horns so groß wird, daß das Wachstum mit ihr nicht Schritt halten kann. Dieser notwendige Eingriff in die Natur hat für den Huf einige nachteilige Folgen. Der Huf wird vom natürlichen Boden entfernt und dessen heilsamen Einfluß für eine gesunde Beschaffenheit und Formerhaltung (gleichmäßige Abnutzung) zum Teil entzogen. Es muß daher Aufgabe eines zweckmäßigen Hufbeschlages sein, diese Nachteile nach Möglichkeit zu beschränken, um den natürlichen Verhältnissen des unbeschlagenen Hufes nahezukommen.

80. Andererseits vermag ein guter Hufbeschlag fehlerhafte Gangarten des Pferdes zu verbessern. Hier sind vor allem das Streichen, d. i. das Anschlagen des schwebenden Vorder= bzw. Hinterfußes an die stützenden Gliedmaße, und das Greifen, d. i. das Anschlagen des Hinterhufes an die Vordergliedmaßen, zu nennen.

81. Ein richtig aufgepaßtes Hufeisen soll in seiner vorderen Hälfte bis zur weitesten Stelle mit

dem äußeren Rand der Hornwand abschneiden, an den Trachten soll es um 4 bis 5 mm überstehen (s. Abb. 30 u. 31). Zu weite und zu lange Eisen reißt sich das Pferd leicht ab, besonders in weichem Boden; bei zu engen Eisen sitzen die Nägel häufig zu nahe an den Weichteilen des Hufes und rufen durch ihren Druck klammen Gang hervor; außerdem wird die Hornwand nach außen über den Eisenrand gedrängt, bricht aus, oder es entsteht eine lose Wand.

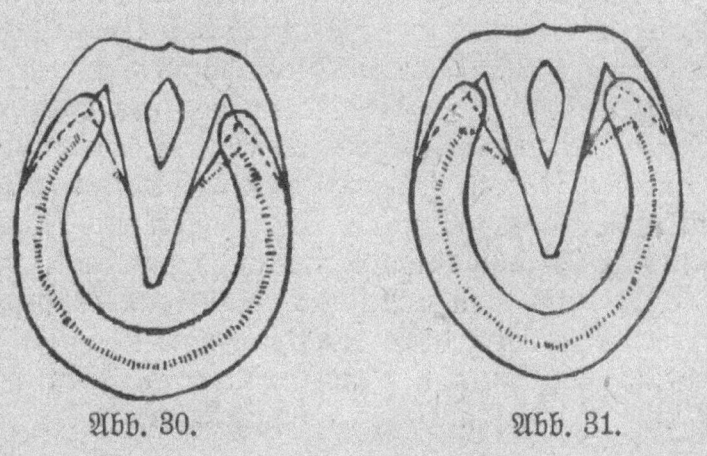

Abb. 30.   Abb. 31.

Durch das Nachwachsen des Hornes an der Huf=zehe werden die Eisen im Laufe der Tragezeit im Verhältnis zum Huf kürzer.

82. Die Tragdauer des Hufeisens rich=tet sich nach der Dienstleistung des Pferdes, der Be=schaffenheit der Straßen und dem mehr oder minder schnellen Wachstum des Hornes; sie schwankt zwischen 4 und 6 Wochen und dauert ausnahms=weise bis zu 8 Wochen. Äußerlich erkennbar macht

58

sich die Notwendigkeit neuen Beschlages durch folgende Erscheinungen:

Die Eisen sind stark abgenutzt, besonders am Zehenteil.

Der Tragrand des Hufes ragt über das infolge des Hornwachstums zu kurz und zu eng gewordene Eisen hinaus, der Huf ist im ganzen zu groß geworden oder die Zehe zu lang.

Die Niete der Hufnägel sind hervorgetreten.

Durch die täglich vorzunehmende Prüfung des Hufbeschlages (beim Putzen, Hufwaschen usw.) ist festzustellen, ob das Hufeisen noch so festsitzt, daß man es an keiner Stelle mit den Fingern lüften kann, ob sich das Eisen verschoben hat, ob die Hornwand ausgebrochen ist, ob sich Nieten gelockert haben und über die Hornwand hervorstehen.

Bei unbeschlagenen Hufen müssen die Hufe von Zeit zu Zeit am Tragrand berundet werden, um dem Absplittern des Hornes vorzubeugen.

Schraubstollen sind im Stall stets herauszuschrauben, damit die Pferde sich nicht selbst oder andere Pferde verletzen.

83. Geht ein Hufeisen verloren, so ist nach Möglichkeit sofort an Ort und Stelle durch einen Beschlagschmied ein anderes Hufeisen aufzunageln. Ist kein Beschlagschmied erreichbar, so ist das Pferd möglichst auf weichem Boden in die nächste Truppen- oder im Notfall Zivilschmiede zu führen. Ein Weiterreiten ohne Hufeisen auf hartem Boden oder in höherer Gangart verursacht schwere, langwierige Huf- und Gliedmaßenleiden, es ist daher verboten.

II. Erkrankungen und Verletzungen des Pferdes. Erste Hilfe.

A. Allgemeines.

84. Jedes kranke Pferd ist möglichst bald einem Veterinäroffizier zur Behandlung zu übergeben. Dieser entscheidet, ob das Pferd dienstfähig ist.

85. Durch geeignete Vorbeugungsmaßnahmen kann ein großer Teil der Erkrankungen und Verletzungen des Pferdes vermieden werden. Vorbeugen ist besser als heilen.

In vielen Fällen ist bei auftretenden Krankheiten und bei Unglücksfällen eine sofortige Hilfeleistung durch den Pferdepfleger geboten. Für die Vorbeuge sowohl wie für die erste Hilfe muß das Wesen der einzelnen Krankheiten bekannt sein.

Das Verständnis für das Wesen der Krankheiten, die Vorbeuge und erste Hilfe muß durch Unterricht und Anleitung geweckt werden. Der Unterricht ist vom Veterinäroffizier zu erteilen.

B. Seuchen.

86. Seuchen sind Krankheiten, die durch kleinste Lebewesen verursacht und von Tier zu Tier durch Berührung oder mittelbar durch Personen, Wasser, Futter, Streu, Geschirre, Stallgeräte usw. übertragen werden.

Die Übertragung von Krankheitskeimen von kranken auf gesunde Pferde heißt An st e cku n g.

Infolge der Ansteckungsmöglichkeit kann bei jeder Seuche ein großer Teil des von der Seuche ergriffenen Pferdebestandes erkranken. Seuchen bilden daher eine große Gefahr für die Marschfähigkeit berittener und bespannter Truppen.

Der Verhütung von Pferdeseuchen muß daher stets Aufmerksamkeit geschenkt werden.

87. Nicht allein von der Übertragung des Ansteckungsstoffes, sondern auch von den Umweltbedingungen und vor allem von der Widerstandskraft des Pferdes hängt der Ausbruch einer Seuche ab. Der Mangel an Widerstandskraft ist die Hauptursache des plötzlichen Auftretens mancher Seuche.

Alle Maßnahmen, die geeignet sind, die Widerstandskraft des Pferdekörpers zu erhöhen, wirken daher seuchenvorbeugend. Hier sind vor allem das Training und die Abhärtung zu nennen.

88. Es ist wichtig, daß jedes fieberhaft erkrankte Pferd oder aus anderen Gründen seuchenverdächtige Pferd sofort aus dem Truppenstall zu nehmen und in den Absonderungsstall oder in einen sonst geeigneten Raum zu verbringen ist.

89. Die Absonderung von Remonten, freihändig angekauften Pferden und von Turnierpferden, die außerhalb von Kasernen untergebracht gewesen sind, richtet sich nach den Bestimmungen des An-

hanges II zur H.Dv. 57 (Seuch.V.). Zweckmäßig richtet die Truppe während der Turniersaison einen abgetrennten Turnierberitt ein.

Krümperpferde sind, da sie häufig mit Pferden außerhalb des Heeres in Berührung kommen, wegen erhöhter Ansteckungsgefahr möglichst gesondert unterzubringen.

90. Für die Seuchenbekämpfung ist wichtig, daß die Truppe jedes Krankheitszeichen, das für eine Seuche spricht, sofort dem Veterinäroffizier meldet. Die Bekämpfung der Seuchen erfolgt nach den Bestimmungen der Seuch.V. (Anh. II zur H.Dv. 57).

Verantwortlich für die Durchführung der vom Veterinäroffizier auf Grund der Seuch.V. vorgeschlagenen Bekämpfungsmaßnahmen ist der Führer der Truppe. Der möglichst schnellen Unterdrückung von Tierseuchen werden im Frieden alle anderen Aufgaben des Dienstes nachgesetzt.

91. Rotz ist eine Pferdeseuche, mit deren Auftreten nur im Kriege gerechnet werden muß. Die Krankheit ist auch für Menschen ansteckend. Sie endet bei Mensch und Pferd meist tödlich. Bei ihrem Auftreten sind daher alle Vorsichtsmaßregeln gegen eine Übertragung der Krankheit auf Menschen zu ergreifen.

Die Seuche tritt in drei Formen auf:

Beim Nasenrotz zeigen die Pferde meist einseitigen Nasenausfluß, dieser ist anfangs mehr wässerig, später schleimig=eitrig von grauweißer bis gelblicher Farbe; er ist nicht selten mit Blut unter= mischt. An den Nasenwänden zeigen sich schwarz= graue Krusten. Die Lymphdrüsen im Kehlgang sind meistens geschwollen und schmerzhaft. In der Nasen= schleimhaut zeigen sich gelbgraue Knötchen oder Geschwüre.

Beim Hautroß treten zuerst nicht scharf be= grenzte harte oder weiche Knoten von verschiedener Größe in der Haut auf. Diese brechen später auf, so daß Geschwüre entstehen.

Beim Lungenroß zeigt das Pferd Husten, hier und da Atembeschwerden, zeitweises Nasen= bluten oder auch Nasenausfluß.

Die vom Roß befallenen Pferde zeigen im allge= meinen erhöhte Temperatur, rasches Ermüden, Mattigkeit, Abmagerung und rauhes glanzloses Haar.

92. Die Räude ist eine durch Milben ver= ursachte Hautkrankheit, die auch auf den Menschen übergehen kann. Dieser Pferdeseuche sind im Welt= krieg die meisten Pferde zum Opfer gefallen.

Alle Pferde, die Juckreiz, kleine Knötchen und Borken in der Haut und Ausfallen der Haare zeigen, müssen als räudeverdächtig angesehen wer= den; derartige Beobachtungen sind sofort zu melden.

Nähere Angaben siehe Anhang 3 (Merkblatt über die Räude des Pferdes).

93. Bei den verschiedenen seuchenhaften Erkrankungen der Luftwege (Katarrh der Luftwege, Brustseuche, Rotlaufseuche) erkranken

64

meist viele Pferde eines Pferdebestandes gleich=
zeitig. Die ersten Anzeichen dieser Seuchen sind
Fieber, einzelne Hustenstöße, Empfindlichkeit des
Kehlkopfes, Schwellung der Kehlgangslymph=
drüsen, wässeriger=eitriger Nasenausfluß. Oft ist
die Futteraufnahme vermindert oder gänzlich
unterdrückt. Häufig zeigen sich Schwellungen der
Gliedmaßen und Durchfall. Junge Pferde (Re=
monten) und Ankaufspferde zeigen oft, da sie
größtenteils veränderten klimatischen Verhältnissen
ausgesetzt werden, kurz nach ihrer Ankunft die oben
bezeichneten Erscheinungen.

Die wichtigste Abwehrmaßnahme ist ein möglichst
rasches Erkennen des ersten verdächtigen oder be=
reits erkrankten Pferdes und die sofortige Abson=
derung desselben.

Die übrigen Pferde können den Ansteckungsstoff
bereits aufgenommen haben und bei weiteren
Dienstleistungen um so schwerer erkranken. Es ist
daher angezeigt, alle Pferde mit den geringsten
Anzeichen von vermeintlich harmlosen Katarrhen
nicht zu weiterem Dienst heranzuziehen, sondern
dem Veterinäroffizier zur Untersuchung vorzu=
führen. Das Abhärten der Pferde ist als vor=
beugende Maßnahme bei den Krankheiten der Luft=
wege besonders wichtig.

94. Die D r u s e ist eine Krankheit, die sich lang=
sam, aber hartnäckig ausbreitet. Der Ausbruch der
Druse fällt erfahrungsgemäß in die Zeit der
Klimagewöhnung (Akklimatisation) der Remonten
und Ankaufspferde. Sie befällt die am wenigsten
widerstandsfähigen Pferde zuerst.

Die Kennzeichen der Druse sind: Schwellung der Kehlgangslymphdrüsen, Nasenausfluß, Mattigkeit, meistens keine Freßlust und Fieber. Die geschwollenen Kehlgangslymphdrüsen brechen häufig auf, aus ihnen quillt dann gelbrahmiger Eiter.

Auch gegen Druse ist Abhärtung die beste Vorbeuge.

95. Die a n s t e c k e n d e B l u t a r m u t ist eine schwer erkennbare Seuche. Die Krankheit ist unheilbar, mit ihr behaftete Pferde können jedoch jahrelang am Leben bleiben.

Auf ansteckende Blutarmut deuten folgende Erscheinungen hin: Abmagerung bei guter Freßlust und Verdauung, starkes Herzklopfen schon nach kurzer Trabbewegung, Schwellungen am Bauch und an den Gliedmaßen, Fieber.

C. Vorbeuge und Verhalten bei Unfällen von Pferden.

V e r h ü t e n   v o n   U n g l ü c k s f ä l l e n   w ä h r e n d   d e s   D i e n s t e s.

96. Zum Führen junger Remonten, zum Reiten und Fahren ängstlicher oder scheuender Pferde sind nur gewandte und kräftige Mannschaften auszuwählen.

A l l e   P f e r d e   w e r d e n   g r u n d s ä t z l i c h   m i t   a u f g e l e g t e r   T r e n s e   g e f ü h r t.

Während des Reitens sind die Tore der gedeckten Bahn stets zu schließen. Das Öffnen der Tore der Reitbahn, während die Bahn benutzt wird, erfolgt erſt, wenn durch die Anfrage „Tür frei?" und die Antwort „Iſt frei!" Gewißheit beſteht, daß das Öffnen der Tür ohne Gefahr erfolgen kann.

Temperamentvollen Pferden ſind nur gute und vernünftige Reiter und Fahrer zuzuteilen. Für Reitjagden, Springturniere uſw. ſind nur Pferde einzuteilen, die nach Gebäude, Können und Temperament für ſolche Zwecke geeignet ſind. Die Hinderniſſe ſind ſtets in Ordnung zu halten.

Die zahlreichen ſchweren Unfälle, vor allem Knochenbrüche im Stall laſſen ſich zu einem großen Teil durch genaue Beachtung der im Abſchnitt II C d Stallpflege — Sonſtiges — des Heftes 1 der H.Dv. 11 gegebenen Anweiſungen vermeiden. Vor allem iſt auf Aufräumen des Stallgeräts, durchaus vorſchriftsmäßige Anbindevorrichtungen, richtige Höhe der Trennbäume, rauhe Stallgaſſen, Vorſorge gegen Schläger, ganz geöffnete oder geſchloſſene Türen zu achten.

97. Beim Schwimmen der Pferde iſt zum Verhüten von Unglücksfällen folgendes zu beachten:

a) Die Überſetzſtellen des Gewäſſers ſind vorher zu erkunden,

b) die Ufer an den Ein= und Austrittsſtellen ſind ſorgfältig zu prüfen, ob keine Pfähle (Faſchinen), Glasſcherben uſw. vorhanden ſind,

c) die Pferde dürfen nicht unmittelbar nach einer größeren Fütterung, im ſchwitzenden oder erhitzten Zuſtand in das Waſſer gebracht werden.

Aufheben gefallener oder fest-
liegender Pferde.

98. Gefallene Pferde bedürfen in vereinzelten Fällen zum Aufstehen einer Hilfe. Da besondere Apparate, wie Flaschenzüge, Hebebäume, zum Aufheben der Pferde meistens nicht zur Stelle sind, so muß man sich auf die Fähigkeit der Pferde, bei geeigneter Lage der Gliedmaßen allein aufzustehen, verlassen.

Ein gestürztes Pferd, das nicht ohne Hilfe aufzustehen vermag, ist zunächst durch Unterstützen am Kopf, Hals und Widerrist so weit aufzurichten, daß es auf dem Brustbein liegt. Falls sich die Vorderfüße unter der Brust befinden, müssen dieselben hervorgezogen werden, damit das Pferd sich auf sie stützen kann. Sodann stellt sich ein Mann vor das Pferd, faßt die Zügel und hält diese straff. Während mehrere Mann das Pferd am Widerrist unterstützen und am Schweife heben, treibt man dasselbe durch Anrufen zum Aufstehen an.

Das Antreiben gestürzter Pferde mit der Peitsche oder mit einem Stock ist verboten. Liegt das Pferd auf glattem Boden, so ist dieser vorher mit Sand, Stroh oder einer Decke zu bedecken, damit das Pferd festen Fuß fassen kann und beim Aufstehen nicht erneut ausgleitet.

Haben Pferde beim Sturz schwere Verletzungen an den Gliedmaßen erlitten, so daß sie sich beim Aufstehen nicht genügend auf diese stützen können, so wird das Pferd zunächst so weit aufgerichtet, daß es auf dem Brustbein liegt, dann werden die

68

Vordergliedmaßen nach vorn gezogen. Dicht hinter dem Ellenbogen wird darauf ein Gurt, Strick, Brett, Stange oder Leiter unter die Brust des Pferdes geschoben und das Pferd beim Aufstehen durch Anheben an beiden Seiten unterstützt.

Können Pferde nach dieser Unterstützung trotzdem nicht frei stehen, dann lege man sie wieder auf weiches Stroh zurück. In diesem Falle besteht der Verdacht auf Knochenbrüche oder Lähmungen.

Bei Pferden, die im Gespann stürzen, sind zuerst die Taue zu lösen. Dann sind die übrigen Pferde des Gespannes wegzuführen und das Fahrzeug so weit wegzuschieben, daß sich das gestürzte Pferd bei dem Versuch aufzustehen, nicht an der Deichsel verletzen kann.

Pferde, die sich im Stall unter der Krippe, unter die Trennbäume oder beim Wälzen gegen Wände festgelegt haben, müssen zunächst auf eine freie ebene Stelle gezogen werden, ehe sie aufstehen können oder aufgerichtet werden.

D. Wunden und Quetschungen.

99. W u n d e n entstehen durch äußere Einwirkung (Sturz, Schlag, Biß, Riß, Quetschen, Scheuern, Stich, Hieb).

Jede Wunde bringt vor allem zwei Gefahren mit sich:

a) die Blutung,
b) das Eindringen von Erregern für Eiterungen, Blutvergiftung, Starrkrampf in die Wunde.

Nach Entstehen einer Wunde muß diesen beiden Gefahren sofort entgegengewirkt werden.

Weitere Folgen der Wunden sind Schmerzen, Entzündungen (Schwellungen) und gestörte Tätigkeit der betroffenen Teile.

100. Das Stillen der Blutung erfolgt bei nicht sehr heftigen Blutungen bald von selbst durch das Entstehen eines trockenen Blutschorfes.

Heftige Blutungen müssen künstlich gestillt werden, sonst besteht Todesgefahr durch Verbluten. An den Gliedmaßen geschieht das Stillen einer Blutung am besten durch festes Abbinden der Gliedmaße oberhalb der Wunde mit einem Gummischlauch, Strick oder zusammengewickelten Tuch. Solche Abbindungen dürfen höchstens eine Stunde ununterbrochen liegenbleiben, sonst kann das Gewebe an der Abbindestelle oder sogar die ganze Gliedmaße absterben. Ist ein Veterinäroffizier nach einer Stunde noch nicht bei dem verletzten Pferde eingetroffen, so muß der Strick usw. gelöst und — wenn die Blutung hierauf erneut auftritt — an einer anderen Stelle wieder angelegt werden.

Am übrigen Körper soll zuerst versucht werden, das blutende Gefäß in der Umgebung der Wunde mit der Hand zuzudrücken. Gelingt dies nicht, wird ein sauberes Tuch oder sauberer Tupfer (mit Mull umgebener Wattebausch) vorsichtig, ohne die Wunde mit den Fingern zu berühren, in die Wunde gedrückt. Bei großen, aus zahlreichen Gefäßen blutenden Wundflächen ist Betupfen mit blutstillender Watte, Höllenstein (Stift oder Lösung), Alaun zur Blutstillung zu verwenden.

70

101. Nach dem Stillen der Blutung ist die weitere Behandlung aller größeren und aller tiefgehenden Wunden soweit irgend möglich dem Veterinäroffizier zu überlassen. Ist dies nicht möglich, so wird das Eindringen von Krankheitserregern in die Wunde durch Beachtung folgender Richtlinien vermieden:

a) Die Wunde darf keinesfalls unnötig berührt werden; niemals darf die Wunde mit den Fingern oder irgendwelchen Gegenständen auf ihre Tiefe und Größe abgetastet werden.

b) Sauber aussehende Wunden (glatte Schnitt- und Rißwunden) dürfen nicht gewaschen werden. Stark verschmutzte Wunden und ihre Umgebung werden durch Abrieseln oder Tupfen (nicht Reiben) mit — möglichst lauwarmer — Lösung eines Desinfektionsmittels gereinigt. Dabei ist stets zuerst die Umgebung der Wunde zu reinigen. Als Desinfektionsmittel kommen dafür vor allem in Frage: Essigsaure Tonerde (2—3 Eßlöffel des Pulvers auf 1 Ltr. Wasser), Chloramin (1 Tabl. auf 1 Ltr. Wasser), Chinosol (1 Tabl. auf 1 Ltr. Wasser).

c) Fremdkörper, ganz lose Hautfetzen und Gewebsteile, Haare am Wundrande werden vorsichtig mit Hilfe von Schere und Pinzette entfernt. Fremdkörper werden ganz langsam entgegengesetzt der Richtung, in der sie eingedrungen sind, herausgezogen.

d) Je nach den zur Verfügung stehenden Mitteln wird hierauf eine der folgenden Behandlungsarten angewendet:

Betupfen der Wundfläche bzw. Auffüllen der Wunde mit 5—10prozentiger Höllensteinlösung;

Bestreuen der Wunde mit einem Wundstreupulver;

Bedecken oder Auffüllen der Wunde mit einem Tupfer, der mit einem der in b) genannten Desinfektionsmittel angefeuchtet ist.

e) Tiefgehende Gliedmaßenwunden und Wunden am Huf werden verbunden.

102. Ein Verband wird in folgender Weise angelegt: Man bedeckt die Wunde mit Wundstreupulver oder, falls dieses nicht verfügbar, mit einer nicht reizenden Salbe (Vaseline, Borsalbe, Zinksalbe). Dann wird die erkrankte Gliedmaße zunächst mit einem reinen Stück Mull bedeckt, dieses darf an den Stellen, an denen es auf der Wundfläche aufliegt, nicht mit den Fingern berührt werden. Über den Mull wird eine Lage Watte gelegt, diese mit einer Binde umwickelt und befestigt.

103. Auf älteren Wunden bildet sich oft ein festsitzender harter Schorf. Dieser darf nicht abgelöst werden; er bildet eine natürliche Schutzdecke über der Wunde, unter der die Heilung gute Fortschritte macht.

104. Oberflächliche Wunden (Abschürfungen, Scheuerungen, Hautwunden) werden nach dem Stillen der Blutung mit einem stark wirkenden

Desinfektionsmittel (Jod, Höllenstein, Pyoktanin [Blaustift], Sublimat) behandelt. Ein Waschen der Wunde vor dieser Behandlung ist nur bei stark verschmutzten Wunden notwendig.

105. Bei Verletzungen am Auge muß sehr behutsam vorgegangen werden. Alle stark reizenden Mittel sind zu vermeiden. Das verletzte Auge wird durch Ausdrücken eines mit 2prozentiger Borsäurelösung oder ½prozentiger Höllensteinlösung durchtränkten Wattebausches ausgespült. Auf diese Weise werden auch kleine Fremdkörper vorsichtig aus dem Auge geschwemmt.

Nach dieser Behandlung wird das Auge geschlossen und darüber eine Augenschutzkappe angelegt.

Vor Belegung fremder Ställe, Scheunen, Schuppen ist auf Gegenstände an der Wand zu achten, durch die Verletzungen am Auge hervorgerufen werden können.

106. Durchdringende Wunden, das sind solche, durch die eine Sehnenscheide, ein Gelenk, die Brust- oder Bauchhöhle eröffnet ist, sind stets lebensgefährlich. Sie dürfen keinesfalls berührt werden, Abrieselung ist nur bei sehr starker Verschmutzung vorzunehmen. Ist ein Veterinäroffizier nicht erreichbar, kann bei Gliedmaßenwunden ein Verband mit Rivanollösung angelegt werden. Jede weitere Behandlung ist zu unterlassen.

107. Quetschungen entstehen durch den Druck stumpfer Gegenstände auf den Pferdekörper. Folgen der Quetschung sind Schwellung, Schmerzen, oft auch Wunden.

Die meisten Quetschungen werden beim Trup=
penpferd durch Sattel und Geschirr verursacht.
Solche Quetschungen heißen „Druckschäden".

108. Die am häufigsten vorkommenden Ur=
sachen von Druckschäden sind

a) Bau des Pferdes (schlechte Sattel=
lage.

Übermäßig hoher sowie niedriger kurzer Wider=
rist, Flachrippigkeit, mangelhafte Rückenmuskula=
tur, keilförmige Brust, kurze Unterbrust, Senk=
rücken und Heubauch, wobei der Sattelgurt nach
vorn oder hinten gleitet und der Sattel nicht fest
liegt, verursachen häufig Druckschäden. Zu Druck=
schäden sind besonders Pferde mit empfindlicher
Haut und solche Pferde geneigt, die stark schwitzen.
Unruhiger, zackelnder Gang und Lahmheit begün=
stigen das Entstehen von Satteldrücken. Lahme
Pferde, die an der Hand gehen, erleiden nicht sel=
ten Satteldrücke, und zwar meist am Widerrist.

b) Schlecht passende Sättel, Unter=
lagen, Geschirre.

Sättel, die nicht genau dem Bau des Widerristes
(zu niedrige, zu enge Kammer) und des Rückens
entsprechend verpaßt sind, d. h. Sättel, die nicht
an allen Stellen gleichmäßig aufliegen, drücken
leicht. Dasselbe ist der Fall bei zerbrochenen oder
verbogenen Trachten, Vorder= oder Hinterzwiesel.
Schlecht sitzende Packtaschen rufen häufig Scheuer=
stellen hervor. Befinden sich im Woilach ungeschickt
eingenähte Flicken, die mit der Haut unm.ttelbat

74

in Berührung komen, so scheuern diese leicht das
Pferd.

c) **Fehler beim Satteln, Packen und
   Schirren.**

Wird der Woilach nicht gehörig in die Kammer
des Sattels gezogen, so entstehen schwere Wider=
ristdrücke. Neben Falten im Woilach können unter=
geschnallte Strippen, Stroh, Steinchen die Ursache
zu Druckschäden werden. Beim Nachgurten legt sich
auch ein gut gekammerter Woilach leicht wieder fest
an den Widerrist an. Der Woilach muß daher beim
Nachgurten nochmals in die Kammer gezogen
werden.

Ein zu loses Schnallen des Untergurtes und
straffes Anziehen des Obergurtes ruft Schwellun=
gen in der Gurtlage hervor. Schwellungen in der
Gurtlage entstehen auch, wenn die Gurtschnallen
nicht auf dem Woilach, sondern unmittelbar auf
den Rippen aufliegen (Schnallendruck). Gurtdrücke
an der Unterbrust entstehen leicht, wenn die Pferde
bei nicht gelockertem Gurt am Boden fressen. Man=
gel an Sorgfalt beim Nachgurten des gepackten
Sattels (Verschieben der Last nach links) gibt oft
zu Widerristdrücken Veranlassung.

Der richtigen Verteilung der Last
auf dem Pferde ist erhöhte Aufmerk=
samkeit zu widmen. Das gleiche Ge=
wicht soll auf der rechten wie auf der
linken Seite des Pferderückens lie=
gen. Um diesen Ausgleich herbeizuführen, ist es
unter Umständen notwendig, auf der leichter be=
lasteten Seite noch totes Gewicht hinzuzufügen.

d) Fehler beim Reiten.

Der Reiter kann, wenn er nachlässig sitzt, sich mit dem einen oder anderen Fuß längere Zeit im Bügel stützt und hierdurch seine Körperlast ungleichmäßig über den Sattel verteilt, Druckschäden verursachen.

e) Geschirrdrücke.

Ist das Geschirr nicht zweckentsprechend gearbeitet (vorhandene Knoten in der Naht, hervorstehende Naht) und sachgemäß verpaßt, ist dasselbe hart, d. h. mangelhaft gepflegt und zu wenig eingefettet, hat sich an der Innenseite der Geschirrteile Pferdeschweiß und Staub festgesetzt, so werden Druckschäden hervorgerufen. Am häufigsten entstehen Geschirrdrücke durch das Brustblatt, wenn dieses nicht richtig liegt oder nicht sachgemäß behandelt ist. Durch den Halsriemen bzw. die Halskoppel können am Mähnenkamm und Widerrist Drücke entstehen, wenn die Aufhaltekette zu kurz eingehakt ist und die Deichsel schlägt.

Neue Geschirre geben durch ihre geringe Biegsamkeit leicht Anlaß zu Druckschäden. Deshalb muß vermieden werden, neue Geschirre bei größeren Übungen erstmalig zu verwenden.

109. Auf die Verhütung und die Beseitigung von Druckschäden ist ein besonderes Augenmerk zu richten.

Die meisten Druckschäden lassen sich verhüten. Alle Geschirre und Sättel müssen von einem sachkundigen Vorgesetzten genau verpaßt sein. Da sich

je nach Anstrengungen der Nährzu=
stand der Pferde rasch verändert, so
muß immer wieder nachgesehen wer=
den, ob die Geschirre und Sättel noch
passen; diese Sorgfalt belohnt sich durch Gesund=
erhaltung der Pferde.

Zu hartes Leder muß geschmiert werden. Im
Bedarfsfall kommt Anwendung von „Kissen für
Druckschäden“, Filzunterlagen und Rehfell in Be=
tracht.

110. Auf Märschen und bei Übungen
sind bei jeder Rast Geschirr und Sat=
telung nachzusehen. Übermäßige
Schweiß= und Schmutzkrusten sind zu
entfernen und die Pferde auf Druck=
schäden zu untersuchen.

Auch der kleinste Schaden am Pferde
ist sofort zu melden. Der Woilach ist aus=
zuschwingen und erforderlichenfalls zu trocknen.
Falten und Fremdkörper sind daraus zu entfernen.

Jeder Druck, jede Scheuerung und jede Quet=
schung ist die Folge einer bestimmten und begrenz=
ten Ursache, die nach ihrer Beseitigung keine schädi=
gende Wirkung mehr ausüben kann. Daher müssen
alle Unteroffiziere und Mannschaften angehalten
werden, die Ursache rasch zu ermitteln und abzu=
stellen. Hierzu gehört auch neues Verpassen des
Sattels und des Sielengeschirrs.

111. Wenn angängig, werden gedrückte Pferde
sogleich außer Dienst gestellt, bis der Druckschaden
geheilt ist.

Das soll bei schweren Druckschäden und bei sol=
chen am Widerrist stets geschehen.

Ist das Außerdienststellen nicht möglich, so ist
Abhilfe durch Wechsel in der Art der Beschirrung
oder Einspannen als Handpferd ohne Sattel zu
schaffen.

Man kann sich auch durch Auflegen des Kissens
für Druckschäden oder durch Anbringen von Filz
an dem betreffenden Ausrüstungsstück zu beiden
Seiten der Druckstelle, so daß diese frei liegt, helfen.

112. Von entscheidender Wichtigkeit
ist es, daß auch die anscheinend harm=
los aussehende Druckstelle beobach=
tet und möglichst sofort in Behand=
lung genommen wird.

Wenn irgend möglich, ist bei jedem
Druckschaden ein Veterinäroffizier
zu Rate zu ziehen.

Vernachlässigte Druckschäden brau=
chen oft viele Wochen, ja viele Monate
zur Heilung.

113. Man untersucht auf Druckstellen
am besten einige Zeit nach dem Absatteln. An=
fangs zeigt sich gewöhnlich eine empfindliche heiße
Schwellung oder eine Scheuerstelle.

114. Offene Drucke sind wie Wunden zu be=
handeln (s. Nr. 99—104).

Schorfe auf Scheuerstellen kann man mit Bor=
salbe oder reinem Talg bestreichen.

Anschwellungen ohne Verletzungen werden zu=
nächst mit Prießnitzumschlägen behandelt.

Ein leinenes Tuch, ein Handtuch oder ein Futter=
sack wird in reines Wasser getaucht, ausgewrun=
gen und glatt zusammengefaltet auf die Druckstelle
gelegt, darüber der Woilach, der mit dem Ober=
gurt befestigt wird. Der Umschlag bleibt 2 bis
3 Stunden liegen und wird dann erneuert.

115. Weitere Quetschungen entstehen
häufig an der Außenfläche des Hintermittelfußes
und am Sprunggelenk (Piephacken), hauptsächlich
bei Remonten. Die Quetschungen kommen oft da=
durch zustande, daß die jungen Pferde, die den
Stall nicht gewohnt sind, aus Übermut, Unverträg=
lichkeit beim Futterschütten gegen die Trennbäume
schlagen.

Als Vorbeugungsmittel gegen diese
schwer heilbaren Quetschungen sind die Trenn=
bäume in den Remontestallungen bis zur Hälfte
mit Strohseilen zu umflechten. Unverträgliche
Pferde sind auseinander möglichst in Eckställe zu
stellen.

116. Die Stollbeule ist eine Anschwellung
am Ellenbogenhöcker, die durch fehlerhaftes Lie=
gen (Druck der Eisen, besonders des Schraubstol=
lens auf den Ellenbogenhöcker) entsteht. Hier ist
nur eine Vorbeugungsmaßnahme von Wert. Die
Schraubstollen sind im Stall stets auszuschrauben.
Unter Umständen kann man während der Nacht
einen Hufschuh anbringen.

117. Der Kettenhang entsteht dadurch, daß
die Pferde mit den Gliedmaßen in den zu langen
Halfterketten oder Anbinderiemen hängenbleiben,

nicht rechtzeitig aus dieser Lage befreit werden und sich bei dem Bestreben, sich selbst zu befreien, Quetschungen oder Scheuerungen in der Fesselbeuge zuziehen. Je nach dem Grade der Quetschungen können starke Schwellungen, Wunden oder Lahmheit auftreten.

Kettenhänge bedürfen einer sofortigen Behandlung, weil bei diesen Verletzungen die Gefahr des Eindringens von Krankheitskeimen besonders groß ist.

Zum Verhüten des Kettenhanges sind die Pferde nachts kürzer anzubinden als am Tage. Das Anbinden der Pferde im Stall muß stets im Laufring der Anbindevorrichtung erfolgen.

118. Bei Stichverletzungen am Huf — Nageltritt — ist der eingedrungene Fremdkörper in der entgegengesetzten Richtung, wie er

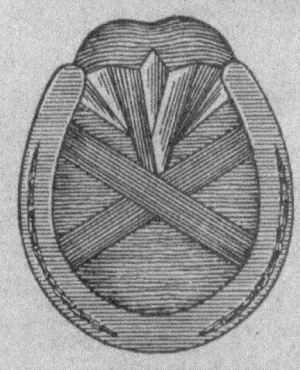

Abb. 32.

eingedrungen ist, vorsichtig herauszuziehen. Die Stichstelle ist durch einen Beschlagschmied mit Jodtinktur zu beträufeln, ein Splint= oder Span=

80

verband ist anzulegen. Für einen S p l i n t v e r =
b a n d (s. Abb. 32) bedeckt man die Hufsohle mit
Werg, Watte usw., die man durch zwei gekreuzte,
mit den Enden unter das Hufeisen geschobene Holz=
splinte oder mit einer Strohsohle befestigt. Werg
und Watte sind mit desinfizierender Flüssigkeit zu
tränken. Behandlung durch einen Veterinäroffizier
ist dringlich.

Bei Lahmheiten infolge Nageltrittes ist das
Pferd außer Dienst zu stellen.

E. Sonstige Krankheiten.

119. Als L a h m h e i t wird jeder Zustand be=
zeichnet, bei dem eine oder mehrere Gliedmaßen
des Pferdes in ihrem freien Gebrauch behindert
sind.

Meist kommt die Lahmheit dadurch zustande,
daß das Pferd das Belasten oder Bewegen einer
erkrankten Gliedmaße vermeidet oder doch abkürzt,
weil es dabei Schmerzen hat.

Ursache der Schmerzen können verschiedenartige
Leiden sein.

120. Die Lahmheit zeigt sich durch einen unregel=
mäßigen Gang an.

Zur E r m i t t l u n g e i n e r L a h m h e i t läßt
man das Pferd am langen Zügel im Schritt und
Trabe auf möglichst ebenem, hartem Boden auf sich
zu oder von sich weg führen. Man achtet genau auf
den Schall der einzelnen Hufschläge und auf die
Bewegung des Kopfes und der Kruppe des Pfer=
des. Ist das Pferd an einer Vordergliedmaße
lahm, so ist dies an der nickenden Bewegung des

Kopfes beim Auftreten der gesunden Glied=
maße zu erkennen. Besteht eine Lahmheit an der
Hintergliedmaße, so erfolgt Senkung der Kruppe
beim Aufsetzen der gesunden Gliedmaße. Stär=
kere Lahmheiten machen sich meist schon im Stande
der Ruhe dadurch bemerkbar, daß das Pferd die
erkrankte Gliedmaße unvollkommen belastet.

Vorbeugungsmittel gegen Lahm=
heiten sind: Rechtzeitiges Erneuern des Hufbe=
schlages; rechtzeitiges Training vor allen größeren
Anstrengungen; Vermeiden von Fehltritten des
Pferdes durch Aufmerksamkeit und richtige Hilfen
vor allem beim Reiten und Fahren im Gelände;
Nachsehen der Hufe und Sehnen bei jeder Rast.

121. Bei Lahmheiten müssen die
Reiter oder Fahrer vom Sattel so=
fort absitzen. Die Hufe sind daraufhin nach=
zusehen, ob Fremdkörper eingedrungen sind. Man
entfernt einen etwa eingedrungenen Fremdkörper
grundsätzlich in der entgegengesetzten Richtung, in
der er eingedrungen ist. Bei Lahmheiten, die an=
dere Ursachen haben, ist das Pferd auf Märschen
an der Hand in das nächste Quartier zu führen,
bei starker Lahmheit ist das Pferd an Ort und
Stelle zu belassen und mit einem Pferdetransport=
wagen abholen zu lassen. Soweit der Sitz der die
Lahmheit hervorrufenden Krankheit ermittelt ist
(Gelenk, Sehne, Huf), kann bei jeder Rast durch
Kühlen geholfen werden. Man macht kalte, nasse
Umschläge oder stellt das Pferd unmittelbar ins
Wasser. Besondere Beachtung müssen
Lahmheiten infolge Schlagverletzun=

gen an den Gliedmaßen finden. Da hierbei die Gefahr von Knochenrissen und Knochenbrüchen besteht, sind diese Pferde grundsätzlich außer Dienst zu stellen und durch einen Veterinär-offizier untersuchen zu lassen.

122. Im Sommer, während der Exerzierperiode, auf Übungsplätzen und bei größeren Übungen tritt öfter in unangenehmer Weise ein Hautausschlag auf, so daß eine größere Anzahl sonst gesunder Pferde außer Dienst gestellt werden muß. Dieser Ausschlag (Schweißekzem, Hitzpoken) hat seinen Sitz in der Haut der Lendengegend, dort, wo das hintere Ende des Woilachs nicht durch den Sattel bedeckt wird. Er breitet sich aber oft weiter nach hinten (Flanke) und nach vorn aus.

An den befallenen Stellen sind anfangs die Haare gesträubt, die Haut ist sehr empfindlich. Dann treten hirsekorngroße Knötchen auf, die nach kurzer Zeit eine gelbe klebrige Flüssigkeit absondern und einen Schorf bilden. Ursache für diesen Ausschlag sind Einwirkungen von Schweiß und Staub, besonders bei verschmutzten und staubigen Woilachs. Öftere gründliche Reinigung des Pferde-rückens von Schweiß und Staub mit lauwarmem Seifenwasser und Nachspülen mit reinem frischem Wasser sowie Ausklopfen und Waschen der Woilachs ist vorbeugend erforderlich.

123. Läuse sind blutsaugende Schmarotzer. Ihre Fortpflanzung erfolgt durch Eier (Nisse), die mit einer klebrigen, widerstandsfähigen Hülle umgeben sind. Diese haften fest an den Haaren als

6*

kleine, weiße Knötchen. Die Läuse treten hauptsächlich nach den Herbstübungen und im Winter auf. Sie befallen vornehmlich die Langhaare der Mähne und des Schweifes. Läuse vermehren sich außerordentlich rasch, eine Übertragung von Pferd zu Pferd ist leicht gegeben, so daß in verhältnismäßig kurzer Zeit sämtliche Pferde eines Stalles mit Läusen behaftet sein können.

Die Läuse verursachen einen heftigen Juckreiz, die Pferde scheuern und bewegen infolgedessen die befallenen Körperstellen und stampfen ständig mit den Füßen. Plötzlich treten kahle Stellen an der Halsseite unterhalb der Mähne, an der Schweifwurzel und an der Innenfläche der Hinterfüße auf.

Sorgfältige Hautpflege, besonders nach den Herbstübungen, ist die notwendige Vorbeugungsmaßnahme. Jede verdächtige Erscheinung ist sofort zu melden. Die Sättel, Woilache und Geschirre sind öfter gründlich zu reinigen. Sämtliche Pferde der Kompanie usw. sind täglich genau zu untersuchen.

Die Bekämpfung der Läuse hat nach den Weisungen des Veterinäroffiziers zu erfolgen.

124. Mauke ist eine nässende Hautentzündung in der Fesselbeuge, die durch längere naßkalte Witterung (besonders Schneewasser), durch zu starkes Ausscheren der Haare an der Fesselbeuge und Bürsten der Fesselbeuge mit harter Bürste, durch Unsauberkeit oder Verletzungen entsteht. Größte Reinlichkeit als vorbeugende Maßnahme und eine tägliche Kontrolle ist am Platze. Jede noch so ge-

ring erscheinende Verletzung oder Entzündung in der Fesselbeuge ist sofort zu melden. Das Pferd ist der Behandlung durch den Veterinäroffizier zuzuführen, da sonst Eiterungen, starke Schwellungen und Lahmheiten der betreffenden Gliedmaßen auftreten können.

125. Unter Strahlfäule versteht man eine allmähliche Zersetzung des Hornstrahles zu einer grauen übelriechenden Masse. Sie nimmt ihren Anfang besonders in der mittleren Strahlfurche. Bei nicht rechtzeitiger Behandlung kann sie sich auf den ganzen Huf ausbreiten. Schlechte Hufpflege, nasse, faulige Streu, zu starkes Beschneiden des Strahls sind die Ursachen für die Strahlfäule. Bei einer sachgemäßen Hufpflege ist eine Strahlfäule unmöglich. Tägliche genaue Kontrolle des Hufes, besonders der Strahlfurchen, ist daher vorzunehmen. Schon die geringsten Anzeichen sind zu melden.

126. Die Hufrehe (Verschlag) ist eine plötzlich entstehende Entzündung der Weichteile des Hufes innerhalb des Hornschuhes. Die Pferde zeigen plötzlich einen steifen Gang, sie treten äußerst vorsichtig mit den Hufen auf und bekunden beim Auftreten große Schmerzen. In der Ruhe wird die kranke Vordergliedmaße weit nach vorn, die Hintergliedmaße stark unter den Leib gestellt. Die Hufrehe wird durch Überanstrengung (lange Märsche auf harten Straßen), Erkältung und unsachgemäße Fütterung (Ersatzfuttermittel) verursacht.

Von Hufrehe befallene Pferde dürfen nicht weiter marschieren, sondern sind in einem Pferdetransportwagen zu transportieren. Je früher hufrehekranke Pferde außer Dienst gestellt werden, desto eher ist eine Heilung zu erwarten. Die Einstellung der erkrankten Pferde in kaltes Wasser (Bäche, Flüsse) ist schädlich und daher zu unterlassen. Feuchte Lehmumschläge um die Hufe sind vom Vorteil.

Zur Behandlung ist sogleich ein Veterinäroffizier heranzuziehen.

127. Die Kreuzrehe (schwarze Harnwinde) ist eine dem Pferde eigentümliche Krankheit. Die befallenen Pferde zeigen einen schwankenden Gang und knicken zeitweise in den Gelenken zusammen. Es tritt Schweißausbruch auf, die Pferde setzen braunen — schwarzroten — Harn ab. Oft brechen sie zusammen und können nicht wieder aufstehen.

Die Ursache der Erkrankung ist fast ausschließlich ein plötzlich einsetzender Mangel an Bewegung nach größeren Übungen oder an Feiertagen, wenn die Hartfutterration nicht herabgesetzt wird. Die Vorbeuge besteht in täglicher ausgiebiger Bewegung nach größeren Übungen und besonders an mehreren aufeinander folgenden Feier= oder Ruhetagen. In letzterem Falle ist die Haferration zu kürzen. Für von der Kreuzrehe befallene Pferde ist jeder Fußmarsch schädlich. Das Pferd ist warm einzudecken und gegen Kälte und Wind zu schützen. Wasser mit Zucker oder Salz ist möglichst oft an=

86

zubieten, ein Verabreichen von Hartfutter hat zu unterbleiben.

128. Phlegmone (Einschuß) ist eine Entzündung des Unterhautbindegewebes. Die Erscheinungen der Phlegmone sind plötzlich (über Nacht) eintretende Schwellung, bei geringstem Druck große Schmerzen. Die befallene Gliedmaße wird meist geschont (auf Zehe gestellt), beim Führen zeigt sich Lahmheit. Die Ursachen der Phlegmone sind Streichwunden, Stich- oder Schlagwunden, die nicht sofort einer Behandlung unterzogen werden. Daher sind alle Verletzungen an den Gliedmaßen, mögen dieselben noch so klein erscheinen, einer sofortigen Behandlung zuzuführen.

An Phlegmone erkrankte Gliedmaßen können bis zur Behandlung durch den Veterinäroffizier mit warmer Lösung eines milden keimtötenden Mittels gereinigt und mit Wollbandagen eingewickelt werden. Das Verbringen der Pferde in einen Laufstand ist zweckmäßig. Eine Vorbeuge gegen diese Krankheit besteht in guter, trockener Streu. Bei gehäuftem Auftreten ist Entfernung der Matratze und Stalldesinfektion geboten.

129. Der Starrkrampf ist eine Krankheit, die durch das Eindringen eines bestimmten Krankheitskeimes in Wunden verursacht wird. Die vom Starrkrampf befallenen Pferde zeigen eine eigentümliche steife Haltung des Halses und des Kopfes sowie eine sägebockähnliche Stellung der Hintergliedmaßen. Jede Bewegung wird ängstlich vermieden, das Kauen des Futters ist erschwert. Die Nüstern sind aufgebläht, die Atmung vermehrt.

Der Blick des Pferdes ist starr und ängstlich. Die Pferde zeigen starke Schreckhaftigkeit.

Die einzig mögliche Vorbeuge gegen Starrkrampf besteht in sofortiger Wundbehandlung, besonders an den Gliedmaßen. Auch kleine Wunden, Sturz- und Streichwunden auf Märschen, sowie Nageltritte sind genau zu beachten.

Pferde mit Starrkrampf sind in einer ruhigen, dunklen Boxe unterzubringen und möglichst wenig zu stören. Je rascher die Pferde einer Behandlung durch den Veterinäroffizier unterworfen werden, desto mehr Aussicht auf Heilung ist gegeben.

130. Hitzschlag kann an heißen schwülen Sommertagen bei großen Anstrengungen auftreten. Dichtes Nebeneinanderstehen und Mangel an Luftbewegung begünstigt die Entstehung des Hitzschlages. Die Pferde zeigen plötzlich starken Schweißausbruch. Der Puls ist beschleunigt, der Herzschlag ist pochend. Es tritt starke Atemnot auf, hie und da zeigt sich Zittern, Taumeln und Zusammenstürzen.

Als Vorbeugungsmaßnahme sind die Pferde bei jeder Rast, wenn irgend möglich, in den Schatten zu stellen. Jede Gelegenheit, Wasser zum Tränken zu erhalten, ist auszunutzen.

Bei Hitzschlagerkrankungen ist Abkühlung durch Auflegen von naßkalten Woilachs oder Tüchern auf die Stirn und Wasserzufuhr als erste Maßnahme am Platze. Die Pferde sind an schattige Stellen oder in einen kühlen Stall zu bringen.

131. Krankheiten am Auge können auch ohne äußere Ursachen auftreten. Häufig tritt eine plötzliche Entzündung an den inneren Teilen des Auges, die sogenannte periodische Augenentzündung auf, die sich dann in unbestimmten Zwischenräumen wiederholt. Die Pferde zeigen Lichtscheue, Schwellungen in der Augengegend mit vermehrter Wärme, Tränenfluß, große Empfindlichkeit bei der geringsten Berührung des Auges.

Während der Krankheit ist das Sehvermögen stark herabgesetzt, wenn nicht ganz aufgehoben. Das Auftreten derartiger Erscheinungen am Pferdeauge ist zu melden.

132. Zahnkrankheiten. Gründliches Kauen ist nur bei gesunden Zähnen möglich, jedoch Vorbedingung für eine gute Ausnutzung des Futters. Möglichst frühzeitiges Erkennen und Behandeln von Zahnkrankheiten ist daher notwendig.

Zahnkrankheiten machen sich beim Pferde jedoch erst bemerkbar, wenn bereits bedeutende Veränderungen an den Zähnen vorliegen und hierdurch die Futteraufnahme teilweise oder ganz unterdrückt ist.

133. Die Erscheinungen bei Zahnkrankheiten sind:

a) Vorsichtige Kaubewegungen, langsames Fressen, Unterbrechen des Kauens, starkes Speicheln;

b) Fallenlassen von Futter aus dem Maule. In der Krippe findet man zusammengeballte Futterbissen (Priemen);

c) Vorfinden von Futterteilen zwischen den Zähnen und der Backenseite, ohne daß vorher Futter aufgenommen wurde;

d) schlechter Ernährungszustand;

e) widerlicher Geruch aus der Maulhöhle.

Beim Vorkommen dieser Erscheinungen ist sofortige Meldung notwendig.

134. Unter dem Namen K o l i k ist eine Gruppe von Krankheiten des Magens und Darms zusammengefaßt, bei der die Pferde starke Leibschmerzen haben.

Von Kolik befallene Pferde sind unruhig, sehen sich nach dem Bauch um, scharren mit den Vorderfüßen, legen oder werfen sich nieder und wälzen sich. Oft tritt Schweißausbruch ein. Wasser- und Futteraufnahme wird verweigert. Kotabsatz fehlt oder es tritt Durchfall auf. Die Kolik dauert meist nur wenige Stunden, selten mehrere Tage. Viele Kolikarten endigen tödlich.

Als Ursache von Kolikerkrankungen sind anzusehen: Überfüttern, Aufnahme nasser, fauliger Streu, Mangel an Bewegung, Sandfressen, Aufnahme von gärendem Grünfutter, plötzlicher Wechsel der Futtermittel, ungenügendes Tränken, sofortiges Tränken erhitzter Pferde nach dem Einrücken, schlechtes Futter, Parasiten, Koppen, Überanstrengung und bestimmte andere Krankheiten.

135. Da die Kolik bei den Truppenpferden zu den häufigsten Krankheiten mit schweren Verlusten zählt, ist es nötig, auf jede mögliche Weise v o r b e u g e n d zu handeln. Auf eine regelmäßige Fütterung, auf häufiges, ausgiebiges Tränken, sowie auf die tägliche notwendige Bewegung ist besonders zu achten. Die Futtermittel sind ständig einer sorgfältigen Kontrolle auf Güte und Lagerung zu unterwerfen. Das Fressen verdorbener Streu ist zu verhindern.

Bei jeder Kolik ist der Veterinäroffizier sofort zur Behandlung heranzuziehen.

136. Pferde, die u n t e r d e m R e i t e r v o n K o l i k b e f a l l e n w e r d e n, sind im Schritt in den Stall oder in das nächste Quartier zu führen. Die Gurte sind zu lockern. Das Reitzeug oder die Beschirrung ist zu entfernen.

Können oder wollen kolikkranke Pferde gehen, so bewege man sie zunächst ¼ bis ½ Stunde im ruhigen Schritt, bei kalter Witterung eingedeckt. Man biete den Pferden möglichst erst Wasser an, lasse den Hinterleib durch zwei Mann etwa zehn Minuten lang von vorne nach hinten, als ob man das Pferd hochheben wollte, mit Strohwischen massieren. Ferner mache man einen f e u c h t e n U m s c h l a g (P r i e ß n i t z w i c k e l), der in folgender Weise hergestellt wird:

Man taucht 1 oder 2 möglichst lange Säcke in kaltes Wasser, wringt sie gut aus und legt sie rings um den Bauch herum. Über die feuchten Säcke legt man zwei trockene Woilache, so daß sie vorn und hinten über den Umschlag mindestens handbreit überstehen und die feuchten Tücher ganz von der Außenluft abschließen. Die Woilache befestigt man mit 2 Obergurten oder Deckengurten. Zur Vermeidung von Druckschäden bringt man Strohpauschen zu beiden Seiten der Wirbelsäule an. Der Schlauch muß bei Wallachen und Hengsten freibleiben. Der

Umschlag bleibt 2 bis 3 Stunden liegen und wird dann durch einen trockenen Woilach ersetzt.

Jede weitere Behandlungsart, vor allem Einläufe in den Mastdarm, Einreiben des Leibes mit Fluid und ähnlichem, Bewegen des kolikkranken Pferdes in höherer Gangart, kann bei bestimmten Kolikarten schaden. Sie darf daher nur auf Anordnung des Veterinäroffiziers ausgeführt werden.

Verbringen von kolikkranken Pferden in einem Laufstand ist anzustreben. Ist dies nicht möglich, so sind die nebenstehenden Pferde zur Verhütung von Verletzungen aus dem Stand zu entfernen.

137. Die Streu in dem Stand des von Kolik befallenen Pferdes muß trocken und weich sein. Wälzen sich die Pferde hie und da, so kann man dies gestatten, nur das ungestüme, rücksichtslose Wälzen ist zu unterbinden, am besten geschieht dies durch Führen der Pferde. Nach Aufhören der Kolik soll Körnerfutter 24 Stunden lang nicht gegeben werden. Tritt nach der Behandlung Durchfall ein, so bleibt das Pferd während seiner Dauer im Stall und erhält eine trockene Leibbinde (Woilach).

138. Vergiftungen bei Pferden können vorkommen:

a) durch verdorbene Futtermittel,

b) durch pflanzliche und chemische Gifte (Akazie, Cresol usw.),

c) durch Giftgase (Schwefeldioxyd für Gasbehandlung).

Eine besondere Art von Vergiftungen stellen die Vergiftungen durch chemische Kampfstoffe (siehe Nr. 139 und 140) dar.

An Vergiftungen muß stets gedacht werden, wenn plötzlich bei mehreren Pferden heftige Krankheitserscheinungen oder gar plötzliche Todesfälle auftreten. Die Krankheitserscheinungen selbst sind je nach dem verursachenden Gift sehr verschieden; bei den meisten Vergiftungen sind die Verdauungswerkzeuge (Kolikerscheinungen) und das Nervensystem (starke Erregung oder Lähmungen) in Mitleidenschaft gezogen. Bei Gasvergiftungen sind fast stets die Atemwerkzeuge (Husten, Atemnot) schwer erkrankt.

Den Veterinäroffizieren ist vorkommendenfalls sofort Meldung zu erstatten.

Eine Vorbeugungsmaßnahme ist Unterricht über die Veranlassung zu Vergiftungen an Unteroffiziere und Mannschaften.

Weiterhin sind die Unteroffiziere und Mannschaften über das Waschen der Pferde mit Arzneien und über das Hochbinden der Pferde nach scharfen Einreibungen zu unterrichten. Die am häufigsten vorkommenden Giftpflanzen sind unter Nr. 218 behandelt.

Schachtelhalm erzeugt gesteigerte Erregbarkeit, schwankenden Gang, unter Umständen Lähmung der Hinterhand, Blasendrang oder =lähmung.

Herbstzeitlose bewirkt dunkelroten Harn, Durchfall, sie erzeugt dem Dummkoller ähnliche Erscheinungen, unter Umständen Schwanken oder Lähmung der Hinterhand.

Schierling bewirkt Speicheln, Brechbewegungen, Muskelschwäche, Atmungsbeschwerden, Schwanken und Taumeln.

Akazie, Eibe (Taxus) erzeugen Benommenheit, Darmentzündungen und Bewegungsstörungen. Durch diese letzten Pflanzen verursachte Vergiftungen sind meistens tödlich.

139. Im Kriege muß mit der Einwirkung chemischer Kampfstoffe auf Truppenpferde gerechnet werden.

Die erste Fürsorgemaßnahme für die Pferde beim Auftreten von chemischen Kampfstoffen ist das Aufsetzen der Pferdemaske und das Herausführen der Pferde aus der Gefahrenzone. Die Pferde sind möglichst an höher gelegene Geländestellen zu führen, Sattel und Beschirrung sind abzunehmen, für Zuführen reiner, frischer Luft ist Sorge zu tragen. Das Füttern von Grünfutter aus begastem Gelände sowie das Tränken aus Tümpeln, Teichen oder Granatlöchern in solchem Gelände hat zu unterbleiben.

140. Durch Einwirkung chemischer Kampfstoffe entstehen je nach der Art der Kampfstoffe verschiedene Krankheitserscheinungen, die ersten Hilfsmaßnahmen unterscheiden sich dementsprechend:

Blaukreuz (Reizstoff, Luftkampfstoff) reizt die Augen und Luftwege, es veranlaßt Tränen, Atemnot, Speichelfluß, krampfhaften Husten, Schweißausbruch. Es macht meist nur vorübergehend arbeitsunfähig. Es ist für möglichst frische Luft zu sorgen. Ein mehrmaliges Waschen der

Augen mit einer Lösung von doppelkohlensaurem Natron ist angezeigt.

Grünkreuz (erstickender Luftkampfstoff) veranlaßt Husten, starke Atemnot, unter Umständen Erstickungsanfälle mit tödlichem Ausgange (Lungenödem).

In erster Linie ist für frische Luft zu sorgen, wenn möglich ist viel reines Wasser zu reichen. Die erkrankten Pferde sind möglichst an Ort und Stelle zu belassen.

Gelbkreuz (Geländekampfstoff) wirkt einige Stunden nach der Berührung ätzend an allen Stellen des Körpers, als Dampf auch auf die Luftwege unter Umständen tödlich. Durch Einwirkung von Gelbkreuz erkrankte Pferde können in den ersten 12 Stunden noch bewegt werden.

Die Stellen von Tieren und Ausrüstungsstücken, die mit Gelbkreuz bespritzt sind, dürfen nicht mit bloßen Händen berührt werden. Zum Behandeln der Gelbkreuzvergiftungen ist möglichst bald das Gelbkreuzentgiftungsmittel (aus dem Vet.Arzneikasten) anzuwenden. Außerdem sind häufiges gründliches Abspülen mit Wasser, Durchführen durch Flüsse oder Teiche, Auftragen von nasser Rasenerde, gründliche Reinigung, wenn möglich mit viel Seifenwasser geeignete Gegenmaßnahmen gegen die Einwirkung des Gelbkreuzes.

III. Pflege erschöpfter Pferde.

141. Im Kriege ist Erschöpfung, hervorgerufen durch Futtermangel und übermäßige Arbeitsleistung, die gefährlichste und verlustreichste Krankheit. In Friedenszeiten dürfen, wenn mit dem Pferdematerial sachgemäß umgegangen wird, Erschöpfungszustände bei Pferden nicht vorkommen.

142. Erschöpfung der Pferde kann eintreten durch das plötzliche Versagen aller Kräfte oder durch langsam fortschreitenden Abfall der Kräfte.

Bei plötzlichem Versagen aller Kräfte liegt die Ursache in übermäßigen Anstrengungen bei ungenügender Vorbereitung der Pferde. Die Pferde sterben oft während des Dienstes an Herzschlag. Der Mangel an gutem Trinkwasser oder das Unterlassen von häufigerem Tränken ist ebenfalls oft eine Ursache der Erschöpfung. Nichts führt in Verbindung mit großen Anstrengungen, besonders in der warmen Jahreszeit, so rasch zur Ermüdung oder Erschöpfung des Pferdes wie das Unterlassen eines ordnungsmäßigen, öfteren und vor allem ausreichenden Tränkens bei vermehrten Dienstleistungen.

Bei langsam fortschreitendem Abfall der Kräfte kommen hauptsächlich mangelhafte Pflege und Ernährung, besonders Mangel an Rauhfutter, schlechte Unterkunfts= und Witterungsverhältnisse als Ursachen in Frage. Daneben spielen vermehrte Anstrengungen bei Tag und Nacht, schlechte Wege und nicht zuletzt mangelndes Verständnis für rechtzeitiges Schonen und Außerdienststellen der Pferde eine wichtige Rolle.

143. Die wichtigsten Erschöpfungserscheinungen sind: beschleunigtes Atmen mit starkem Flankenschlag und weit aufgerissenen Nüstern, auffallende Mattigkeit, vermehrter Schweißausbruch, Muskelzittern, pochender Herzschlag, Stolpern und Einknicken in den Gliedmaßen, Verweigern der Futter= und Wasseraufnahme, anfangs erhöhte Körperwärme (über 39° Celsius), später sehr niedrige Körperwärme.

144. Die Vorbeugungsmaßnahmen sind, um eine Erschöpfung von Pferden zu vermeiden, von größter Wichtigkeit. Sie müssen in erhöhter Fürsorge für die Pferde bei anstrengenden Märschen, Übungen, Jagden und Rennen bestehen. Hierzu gehören:

a) Zweckentsprechendes Einteilen der Pferde nach Größe, Stärke, Kräfteverhältnissen und Leistungsvermögen für die verschiedenartigen Anforderungen des Dienstes,

b) Schaffen von möglichst guten Unterkünften innerhalb und außerhalb des Standortes,

c) gute Wartung und Pflege im Stall und im Dienst,

d) ausreichendes, d. h. der Dienstleistung ent=
sprechendes Füttern, vor allem ein ausreichendes
Tränken,

e) genügende Vorbereitung (Training) für er=
höhte Dienstleistungen,

f) Schonung bei jeder Gelegenheit,

g) rechtzeitiges Außerdienststellen bei starken
Ermüdungserscheinungen.

Jeder Führer einer Truppe muß
über den Zustand seiner Pferde jeder=
zeit unterrichtet sein, um rechtzeitig
jede unnötige Kräftevergeudung zu
unterbinden.

145. Die wirksamste Maßnahme bei Er=
schöpfungserscheinungen ist das rechtzeitige Heraus=
ziehen der Pferde aus dem Dienst und das sofor=
tige Einschalten einer größeren Ruhepause. Der
Veterinäroffizier hat über weitere Maßnahmen zu
bestimmen.

Ist kein Veterinäroffizier zur Stelle, dann sind
erschöpfte Pferde im Schritt unter Einschalten häu=
figer und längerer Ruhepausen bei Friedens=
übungen in den Standort oder in die nächstgelegene
Ortschaft zu führen. Für gute Unterkunft und Füt=
terung ist zu sorgen (s. Nr. 146, 147). Plötzlich er=
schöpfte Pferde können, wenn sie nicht rechtzeitig
außer Dienst gestellt und in Ruhe gebracht werden,
trotz aller späteren Pflege und noch so guter Be=
handlung an einem Herzfehler erkranken, der nicht
mehr heilbar ist. Derartige Pferde sind für den
Truppendienst kaum mehr zu gebrauchen. Stark

erschöpfte Pferde vertragen keine weiten Märsche und langen Eisenbahntransport.

146. Erschöpfte Pferde sind, wenn möglich, in ein Pferdelazarett oder Pferdeerho= lungsheim einzuliefern, da hier eine sorg= fältige und zweckentsprechende Behandlung und Pflege am sichersten gewährleistet ist.

Zur Behandlung sind die Veterinäroffiziere unter allen Umständen heranzuziehen.

Beim Verbleiben im Truppenstall oder in einem Stall der Ortsunterkunft ist die Unterbringung in einem warmen, gut zu lüftenden Stall, am besten in einem Laufstand, anzustreben. Trockene und weiche Streu muß reichlich vorhanden sein, ins= besondere ist dies notwendig für liegende Pferde. Diese müssen, um ein Durchliegen zu vermeiden, jeden Tag zwei= bis viermal auf die andere Körperseite gelegt werden. Bei starker Kälte sind die Pferde warm einzudecken. Das Futter ist häu= figer (mindestens fünfmal am Tage) und in kleinen Mengen zu verabfolgen, einwandfreies Wasser ist ebenfalls häufiger anzubieten. Die Pferde sollen sich viel im Freien aufhalten, Weidegang ist anzu= streben. Die Pferde sind sobald als möglich unter Schonung zu bewegen, nach der Wiederherstellung allmählich an den vollen Dienst zu gewöhnen.

147. Die Art der Fütterung wird sich am besten folgendermaßen durchführen lassen:

Den Pferden sind zunächst nur Heu (gutes Wiesen= oder Kleeheu), warmer Kleienschlapp, unter Umständen Zucker, Brot und Rüben zu ver=

100

abreichen. Erst a l l m ä h l i ch ist dann Hartfutter in kleinen Rationen zu verfüttern. Der H a f e r ist z u q u e t s ch e n. Auch geschroteter gekochter Mais sowie gekochte Gerste kommen in Frage.

148. Bei stark erschöpften Pferden empfiehlt sich folgendes zusammengesetztes Futter, d a s f ü r j e d e M a h l z e i t (f ü n f m a l a m T a g e) n e u z u b e r e i t e t w e r d e n m u ß:

Hafer, gequetscht	=	250 g
Kleie	=	250 g
Gerstenmehl	=	250 g

Dieses Gemenge wird in einem Eimer mit 2 Liter stark kochendem Wasser das 10 g Kochsalz gelöst enthält, übergossen, sodann mit einem Deckel zugedeckt und 2 Stunden ziehen gelassen.

Zwischen den einzelnen Mahlzeiten ist den Pferden genügend gutes Heu vorzulegen.

149. Für erschöpfte Pferde, die zugleich mit chronischem Darmkatarrh behaftet sind, ist folgendes Gemenge von Vorteil:

Haferschrot	=	500 g
Kleie	=	100 g
Gerstenmehl	=	100 g
Leinsamen	=	300 g

Der Leinsamen wird vorher angebrüht, dann mit dem übrigen Gemenge mit 2 Liter kochendem Wasser übergossen und 2 Stunden ziehen gelassen. Dieses Gemenge mit 250 g Häcksel ist viermal am Tage zu füttern. Für die Nacht ist genügend gutes Heu vorzulegen.

150. Frisches und sauberes Wasser muß den Pferden dauernd zur Verfügung stehen. Im Winter muß das Wasser etwas vorgewärmt sein. Das Vorwärmen darf nicht durch Aufstellen des gefüllten Wassereimers im Stall oder in einem geheizten Zimmer erfolgen, sondern nur durch Zugießen heißen Wassers.

151. Eine Beigabe von Mohrrüben oder anderen Rübenarten, sowie von kleinen Mengen an Zuckermelasse zum Futter ist für erschöpfte Pferde von Vorteil.

IV. Untugenden der Pferde und deren Abhilfe.

152. Von großer Wichtigkeit ist es, um gehorsame und leistungsfähige Pferde zu erziehen, Charakter und besondere Eigenschaften jedes einzelnen Pferdes zu kennen.

153. Als Untugenden der Pferde werden ganz allgemein Fehler oder Mängel im Verhalten des Pferdes bezeichnet, durch welche die Gebrauchsfähigkeit mehr oder weniger stark behindert und der Wert des Pferdes erheblich herabgesetzt werden. Nur in den wenigsten Fällen ist als Ursache für Untugenden Vererbung anzusehen. Durch unsachgemäße Ausbildung und vor allen Dingen durch falsche Behandlung kann ein von Natur gut veranlagtes Pferd schon in wenigen Tagen verdorben werden. In den meisten Fällen rufen mangelndes Verständnis und fehlende Geduld der Pferdepfleger, Reiter oder Fahrer Untugenden der Pferde hervor.

Nicht selten haben scheinbare Untugenden des Pferdes ihre Ursache in bestimmten, meist schwer erkennbaren Krankheitszuständen. Vor allem kann dies bei Bösartigkeit und Scheuen, Sattelzwang, Zungenstrecken der Fall sein. Treten Untugenden

bei einem Pferde auf, so ist eine eingehende Untersuchung durch den Veterinäroffizier angezeigt.

154. Beim Zungenstrecken läßt das Pferd
während des Dienstes zeitweise oder auch ständig
die Zunge entweder zwischen den Schneidezähnen
oder seitlich aus dem Maule heraushängen.

Die Ursache dieser Untugend kann Spielerei,
falsche Zäumung oder fehlende Verbindung des
Reiters (Fahrers) mit dem Pferdemaul sein. Letztere Ursache wird beseitigt, indem das Pferd durch
ständig vortreibende Hilfen an den Zügel gestellt
wird oder — bei Zäumung auf Kandare — eine
Kandare mit größerer Zungenfreiheit erhält. Bei
Zäumung auf Trense ist der Nasenriemen enger zu
schnallen (s. Reitvorschrift (R.V.) H.Dv. 12 vom
18. 8. 1937 Nr. 64 letzter Absatz).

Das Verhindern des Zungenstreckens durch Fest-
schnallen oder Festbinden der Zunge in irgendeiner
Form ist eine Tierquälerei und daher verboten.

155. Das Lippenschlagen besteht darin,
daß die Pferde, besonders im Stall, die Lippen
unter Geräusch aufeinanderklappen, um sich die
Zeit zu vertreiben.

Das Lippenschlagen kann den Pferden durch
öftere Gaben von kleinen Futterrationen abge-
wöhnt werden.

156. Das Krippen- oder Wandlecken
hat seine Ursache in dem Bedürfnis des Pferdes
nach Salz. Durch das Einlegen von Salz-
lecksteinen in die Krippe kann diese Spielerei
abgestellt werden.

157. Das K o p p e n (Luftschlucken) wird von den Pferden entweder unter Aufsetzen des Kopfes an Gegenständen oder mit freigehaltenem Kopfe ausgeführt.

Das A u f s e t z e n erfolgt gewöhnlich mit den Schneidezähnen auf der Krippenwand, dem Trennbaum oder der Wagendeichsel. Die Pferde drücken dabei den Kopf gegen den Stützpunkt, beugen den Hals herab, öffnen das Maul, ziehen die Muskeln an der vorderen Seite des Halses zusammen und ziehen Luft ein. Hierbei ist ein eigentümlicher rülpsender Ton zu hören. Die eingezogene Luft wird entweder ausgestoßen oder durch den Schlundkopf abgeschluckt.

Das F r e i k o p p e n (Luftschnappen) wird ohne jeglichen Stützpunkt ausgeführt, indem der Kopf gegen die Brust abgebeugt und dann unter eigentümlichen Lippenbewegungen rasch wieder nach aufwärts geschnellt wird. Auch hierbei ist, jedoch nicht immer, der oben erwähnte eigentümliche Ton hörbar.

Eine diese Untugend des Pferdes einwandfrei erklärende U r s a c h e ist bisher nicht festgestellt. Es kann sich um Vererbung, Magen= oder Darmstörung auf nervöser Grundlage oder auch allgemein um die Folge von Langeweile bei ungenügender Beschäftigung handeln. Durch Nachahmungstrieb kann sich das Koppen bei Nachbarpferden im Stall innerhalb weniger Tage entwickeln. Außerdem können Mangel an Rauhfutter, hölzerne Krippen, häufiges Hochbinden und Salzhunger als weitere Ursachen in Betracht kommen.

Das Koppen bedingt an und für sich noch keine Dienstunbrauchbarkeit des Pferdes, jedoch treten als F o l g e z u s t ä n d e dieser Untugend häufig Kolik oder sonstige Verdauungsstörungen auf.

Durch das Aufsetzen schleifen sich die Schneidezähne ab. Dies ist das typische Merkmal für Kopper. In den meisten Fällen läßt der Nährzustand zu wünschen übrig. Das Haar ist rauh und glanzlos.

Ein unfehlbares M i t t e l g e g e n K o p p e n gibt es nicht. Zur Verhütung ist in erster Linie möglichst viel Bewegung und Arbeit anzusetzen. Das Füttern ist öfter (5—6mal am Tage) durchzuführen. Rauhfutter ist, wenn irgend möglich, ständig vorzulegen. Die zum Koppen Anlaß gebenden Gegenstände, wie Krippen, Trennbäume, sind zu entfernen. Die Kopper sind möglichst in einen Laufstand ohne Krippe oder in einen Stand mit besonders niedriger Krippe zu stellen und im ersteren Fall aus einem Freßbeutel zu füttern. Die Wände des Laufstandes sind mit Teer, Karbolineum oder sonstigen übelriechenden, jedoch n i c h t s c h ä d l i c h wirkenden Stoffen zu bestreichen. Auch längerer Weidegang ist von Vorteil, unter Umständen kann schon ein Wechsel des Standes oder Stalles vorteilhaft sein. Die zuweilen angewandten Kopp=Riemen und =Röhren sind im allgemeinen ohne jeden Nutzen. D a s S t r a f e n d e r P f e r d e w e g e n K o p p e n s i s t v e r b o t e n.

158. Unter L e i n e w e b e n versteht man die Angewohnheit mancher Pferde, im Stall vor der Krippe ohne jede Veranlassung ständig mit den

Vorderfüßen seitlich hin und her zu treten, dabei den Vorderkörper von einer Seite nach der anderen zu wiegen und mit dem Kopfe pendelnde Bewegungen auszuführen. Ein vorzeitiges Abnutzen der Vorderbeine ist die Folge dieser Untugend.

Das Leineweben ist ähnlich wie das Koppen eine aus Langeweile entstehende Spielerei, die sich namentlich bei temperamentvollen Pferden als Folge zu geringer Arbeitsleistung entwickelt. Auch das vor dem Futterschütten eintretende Hungergefühl und die dadurch hervorgerufene Ungeduld tragen zum Entstehen des Webens bei. Manchen Pferden scheint das beim Hin- und Hertreten entstehende Kettenklirren Vergnügen zu bereiten.

Das Weben wird nicht dauernd ausgeführt, sondern häufig nur dann, wenn die Pferde sich unbeobachtet glauben oder durch Futter abgelenkt werden. Nicht selten neigen gerade sehr gute, lebhafte Pferde zum Weben.

Ständig webende Pferde ruhen schlecht aus, ihre Leistungsfähigkeit wird dadurch beeinträchtigt. Ein Nachahmen des Webens durch Nachbarpferde ist möglich.

Das Weben läßt sich nur sehr schwer oder gar nicht abgewöhnen. Alle bis jetzt angewandten Mittel, wie Anrufen, Bewachen, Aus- und Hochbinden, Umdrehen im Stand, haben sich meistens als nutzlos erwiesen.

Vor dem Gebrauch von Strafen ist zu warnen. Das Fesseln der Vorderfüße ist wegen der damit verbundenen Gefährdung und Tierquälerei der Pferde verboten.

Folgende Abwehrmaßnahme hat in manchen Fällen Erfolg gehabt. Man befestige an einem Lederriemen ein Gewicht (10—15 kg), ziehe den Riemen durch den Ring am Laufsteg und binde das obere Ende an das Pferdehalfter. Der Riemen darf nur so lang sein, daß derselbe bei Ruhestellung des Pferdes straff bis zum Boden reicht. Beginnt das Pferd nun zu weben, so muß es jedesmal das Gewicht in die Höhe heben, eine Arbeit, die ihm bald lästig fallen wird.

Den größten Erfolg verspricht das Unterbringen des Pferdes in einem Laufstand, reichliche Bewegung und das Verabreichen von viel Rauhfutter.

159. Das Abstreifen der Halfter ist eine Untugend, die sich meistens während der Nacht bei den Pferden zeigt, vereinzelt auch am Tage. Die Veranlassung hierzu ist meistens ein schlechtes Anlegen der Halfter oder das Bestreben der Pferde, in anderen Ständen Futter zu suchen.

Eine ständige Kontrolle des richtigen Sitzes und der vollen Gebrauchsfähigkeit der Halfter ist notwendig. Ein stärkeres Anziehen des Kehlriemens ist, da dieser dann auf die Luftröhre drücken kann, zu unterlassen. Bei gewohnheitsmäßigem Abstreifen der Halfter ist das Anlegen eines Halsriemens neben der Halfter vorteilhaft.

160. Bösartigkeit und Stätigkeit sind Fehler, die entweder angeboren (Charakterfehler) oder als Erziehungsmangel erworben sein können.

Die Pferde suchen sich hierbei jeder ihnen nicht genehmen Behandlung zu erwehren oder sich einer bestimmten Dienstleistung zu widersetzen. Unsachgemäße Behandlung und falsche Erziehung der Pferde tragen meist hieran die Schuld.

161. Bösartigkeit äußert sich in Beißen und Schlagen, manchmal auch in dem Versuch, Personen im Stande an die Wand zu drücken.

Es ist zu unterscheiden zwischen zeitweisem und gewohnheitsmäßigem Beißen und Schlagen.

Die Ursache des gewohnheitsmäßigen Beißens und Schlagens ist nur in vereinzelten Fällen in einem angeborenen boshaften Charakter zu suchen, dagegen viel häufiger in einer unverständigen und rohen Behandlung. Junge Remonten, namentlich temperamentvolle Pferde und Stuten mit krankhaft gesteigertem Geschlechtstrieb werden vielfach durch unnötiges Strafen, Necken, Kitzeln verdorben. Bösartige Pferde beißen oder schlagen nicht immer. Die Pferde gehen oft unter dem gewohnten Reiter und im Geschirr ruhig und willig, sie zeigen diesen Fehler nur im Stall, besonders wenn fremde Personen in ihre Nähe kommen.

Beißer und Schläger sind so aufzustellen, daß sie Menschen und Nachbarpferde nicht beschädigen können (Eckstand). Unter der Namenstafel ist eine Warnungstafel: „Achtung — Beißer" oder „Achtung — Schläger" anzubringen.

Das hier und da vorkommende Ausschlagen stall= mutiger oder plötzlich erschreckender Pferde sowie das spielende Schnappen mit Lippen und Zähnen darf nicht als Bösartigkeit angesehen werden.

162. Als „u n l e i d l i ch" bezeichnet man Pferde, insbesondere kitzliche, nervöse Stuten, die bei An= näherung, besonders fremder Personen, sowie beim Berühren ihres Körpers mit der Hand, bei der Wartung und Pflege, beim Futterschütten die Ohren anlegen, hin und her trippeln, die Zähne zeigen, quieken oder schreien, Harn lassen oder Bewegungen des Beißens und Schlagens machen.

Bei unleidlichen Pferden ist eine ruhige und geduldige Behandlung, ruhiges, aber festes An= fassen besonders am Platze.

163. „F u t t e r n e i d i s ch" nennt man Pferde, die beim Futterschütten und Fressen sich unruhig und aufgeregt benehmen, die Ohren zurücklegen, hin und her springen, das Futter gierig und hastig fressen und bei Annäherung von Nachbarpferden und Menschen nach diesen schnappen.

Futterneidischen Pferden ist das Futter zuerst zu schütten. Sehr gierigen Fressern kann man 2 bis 3 saubere, runde, nicht zu kleine Kieselsteine in die Krippe legen. Hierdurch erzwingt man meistens ein langsames Fressen.

164. Als S t ä t i g k e i t ist die gewohnheits= mäßige Unfolgsamkeit und Widersetzlichkeit beim Dienstgebrauch anzusehen.

Die Stätigkeit kann sich bei dem Truppenpferd äußern in S a t t e l z w a n g, S t e i g e n, K l e =

ben, Strangschlagen, Leinenfangen, nach dem Sporn oder Bügel schlagen, Nichtziehen, Durchgehen, Kopfscheue oder Widersetzlichkeit beim Beschlagen der Hufe.

Die Ursachen der Stätigkeit können Ganaschenzwang, Schwäche des Rückens, Augenfehler, Rossigkeit, Schmerzen in Muskeln oder Gelenken, falsche Behandlung sein. Bevor man zu Gegenmitteln greift, muß man sich über die Ursachen klar sein. Die Anwendung von Strafen oder Zwangsmitteln, wie Nasenbremsen, ist möglichst zu vermeiden.

165. Der Sattelzwang äußert sich darin, daß sich die Pferde gegen das Satteln und Gurten sträuben. Sitzt der Reiter gleich nach dem Satteln auf, so widersetzen sich derartige Pferde seiner Führung und versuchen, ihn durch kurze, bockende Sprünge abzuwerfen. Gelingt es dem Reiter, eine Zeitlang im Sitz zu bleiben, und ist das Pferd eine kurze Strecke gegangen, so hört die Widersetzlichkeit gegen den Druck des Sattels und gegen das Gewicht des Reiters gewöhnlich auf.

Die Ursachen des Sattelzwangs sind meist Empfindlichkeit der Sattelgegend und unvorsichtiges, zu plötzliches und übertriebenes Anziehen des Sattelgurtes, namentlich bei jungen Remonten. Mit wenigen Ausnahmen ist der Sattelzwang eine krankhafte Spannung aus Angst vor dem die Brust einschnürenden Gurt oder vor der plötzlichen, oft ungeschickten Belastung durch den Reiter. Die sichtbare Anfangserscheinung des

Sattelzwanges ist das sogenannte „Buk=
keln", ein Aufwölben des gespannten Rückens.

Dieser Fehler verliert sich bei vorsichtigem
und langsamem Festgurten des Sattels ge=
wöhnlich schnell. Das Pferd ist herumzuführen; wo
nötig, ist der Gurt vor dem Aufsitzen um 1 bis
2 Löcher kurz zu lockern. Hierbei tut das Pferd ge=
wöhnlich einen kurzen Atemzug. Auch hochgradiger
Sattelzwang bei jungen Pferden ist noch abzuge=
wöhnen. Man steigt bei ganz lose geschnalltem
Gurt vorsichtig in den Bügel und zieht, ohne auf=
zusitzen, das rechte Bein vorsichtig nach. Dann tritt
man, mit dem linken Fuß im Bügel bleibend, mit
dem rechten Bein wieder auf den Boden zurück.
Dieses Auf= und Absteigen wiederholt man mehr=
mals langsam, indem man das Pferd dabei klopft.
Man läßt sich dann langsam und weich in den
Sattel gleiten. Daraufhin läßt man das Pferd noch
einige Minuten stehen, klopft es, gibt ihm Brot
oder Zucker, spricht mit ihm und reitet dann vor=
sichtig im Schritt an. Zu Anfang entlastet man den
Rücken des Pferdes und zieht erst nach 5—10 Mi=
nuten in der Bewegung vom Sattel aus den Gurt
an. Auch der Sattelzwang älterer Pferde ist auf
diese Weise meist noch zu beseitigen.

Einzelne Pferde mit Sattelzwang sind gegen die
üblichen Unterlegedecken empfindlich. Solche
Pferde sollen entweder auf Woilach oder auf dicker
Filzdecke gesattelt werden.

Während der Winterreitausbildung empfiehlt
es sich, Pferde mit Sattelzwang vor dem Reiten
5—10 Minuten gesattelt an der Leine gehen oder

frei springen zu lassen (s. auch Reitvorschrift [R.V.] H.Dv. 12 vom 18. 8. 1937 Nr. 44b und Nr. 64 Abs. 1).

Mit aller Strenge zu verhindern ist das völlig verkehrte gewaltsame Bekämpfen des Sattelzwanges mittels Sporen oder Peitsche. Pferde mit Sattelzwang sind nur guten und verständigen Reitern, die möglichst wenig wechseln, zuzuteilen.

166. Unter Steigen (s. auch Reitvorschrift [R.V.] H.Dv. 12 vom 18. 8. 1937 Nr. 44b) versteht man das Aufrichten des Körpers auf den gestreckten Hinterbeinen, wobei das Pferd in der Regel mit den Vorderfüßen nach vorn schlägt. Das Steigen ist eine Untugend, durch die das Pferd seinen Unwillen auszudrücken sucht. Richtet das Pferd den Körper zu steil auf oder biegt der Reiter das Pferd nicht nach der nachgiebigeren Seite unter Umständen bis zu seinem Knie ab, so kann sich das Pferd leicht nach rückwärts überschlagen und dabei den Reiter in Gefahr bringen und sich selbst Knochenbrüche an der Wirbelsäule und am Kopfe zuziehen. Die Peitsche oder die Sporen im Augenblick des Steigens zu gebrauchen, ist unangebracht, da die Gefahr des Überschlagens durch scharfe Strafen noch gesteigert wird. Ein in der Bewegung befindliches Pferd kann nicht steigen! Das beste Mittel gegen das Steigen des Pferdes ist deshalb energisches Vorwärtsreiten.

Beim steigenden Zugpferd spannt man das Pferd nach vorhergehendem Herumführen im Kreise mit einem sicheren und ruhigen Pferde an das Fahrzeug. Die Halskoppel des ruhigen Zugpferdes wird so kurz geschnallt, daß die Deichsel das zu bessernde Pferd nicht gegen den Kopf schlagen kann. Neben den Fahrer vom Bock ist ein Begleitmann einzuteilen. Es muß häufiger angehalten und das Pferd beruhigt werden. Hierzu steigt der Begleitmann ab, klopft das Pferd und sitzt wieder auf. Steht das Pferd beim Aufsteigen des Begleitmanns auf das Fahrzeug nicht still, so gibt man eine kurze Parade, gibt aber gleich mit den Leinen wieder nach. Hält man die Leinen zu fest, so wird das Pferd ständig beunruhigt.

167. Das Kleben ist eine Art Reitstätigkeit. Man bezeichnet damit eine dem angeborenen Herdentrieb des Pferdes entspringende Unart, bei der die Pferde nicht vom Stall oder aus der Gesellschaft anderer Pferde wegzubringen sind, sondern sich im Kreise drehen, gegen die Wand, rückwärts oder gegen die anderen Pferde drängen, steigen und bocken. Es gibt auch Zugpferde, die beim Ziehen diese Untugend zeigen.

Das Kleben beginnt meist schon in der Jugend. Pferde, die Veranlagung zum Kleben zeigen, sind bis zur erlangten Rittigkeit möglichst viel allein zu reiten. Das in der Reitabteilung klebende Pferd wird zunächst mit den beiden Nebenpferden als Führpferde aus der lockeren Abteilung herausgeritten. Allmählich fallen die Führpferde fort, die Zwischenräume werden verengt. Vorhalten der

Futterschwinge und Anführen am Backenstück kann im Anfang angewandt werden. Sinngemäß wird beim Kleben an Örtlichkeiten verfahren (s. Reitvorschrift [R.V] H.Dv. 12 vom 18. 8. 1937 Nr. 44c). Der Reiter stellt das Pferd ruhig vermehrt an den Zügel. Er stellt es, wenn es sich gegen das Nebenpferd stemmt, nach dieser Seite und gebraucht vermehrt den inneren Schenkel. Unter Umständen nimmt er es einige Schritte zurück. Dann treibt er energisch und unterstützt die treibenden Hilfen durch Zungenschlag.

168. Einige Pferde, namentlich rossige Stuten, sind gegen die Berührung mit dem Geschirrtau (Zugstrang) sehr empfindlich. Bei Berührung springen die Pferde über die Taue, stellen sich größtenteils quer zum Wagen oder gehen durch.

Diese Gewohnheit ist nicht immer leicht zu beheben. Durch ruhiges, langsames Anschirren, durch Arbeit mit der Doppelleine (s. Fahrvorschrift [Fahrv.] H.Dv. 465/2 Nr. 7—12) kann Besserung erzielt werden. Für derartige Pferde sind gewandte und verständnisvolle Fahrer auszuwählen.

169. Das Leinefangen ist eine mit dem Strangschlagen und dem Schlagen gegen das Fahrzeug verwandte Form der Stätigkeit. Es besteht darin, daß die Pferde die Leine durch Bewegungen des Schweifes zu fangen suchen, plötzlich heftig mit dem Schweif über die Leine schlagen und dieselbe mit der Schweifrübe derartig festklemmen, daß der Fahrer sie trotz Anwendung aller Kraft nicht wie-

8*

der unter dem Schweif hervorziehen kann. Durch das starke Anziehen der Leine wird das Pferd noch mehr gereizt, schlägt nach hinten aus, so daß ein Halten nicht mehr möglich ist. Das Pferd schlägt gewöhnlich so lange mit den Hinterbeinen aus, bis es dem Fahrer in einem geschickten Augenblick gelingt, unter Lockerlassen der Leine diese frei zu bekommen. Häufig schlagen Leinenfänger alles kurz und klein.

Um den Pferden das Leinenfangen a b z u g e - w ö h n e n, legt man ihnen v o r s i c h t i g einen Schweifriemen auf, dessen Unterseite mit einer etwa 5 cm dicken Polsterung aus Leder mit Roß- haar oder aus Filz versehen ist. Durch diese Polste- rung kann das Pferd die Leine unter der Schweif- rübe nicht mehr festklemmen, der Fahrer kann die Leine, wenn er sie etwas locker läßt, sofort wieder unter dem Schweif hervorziehen. Mit der Zeit wird das Pferd sich das Schweifschlagen und das Leinenfangen abgewöhnen.

170. D a s   S c h l a g e n   d e r   P f e r d e   n a c h d e m   B ü g e l   o d e r   n a c h   d e m   S p o r n ist eine Unart, die sich besonders bei nervösen Pferden und rossigen Stuten zeigt.

Gegen diese Unart kann nur Geduld und ruhiges Reiten ohne Sporen helfen.

171. Beim N i c h t z i e h e n w o l l e n bleiben die Pferde plötzlich stehen, widersetzen sich der Auf- forderung, anzuziehen und weiterzugehen. Die Pferde trippeln hin und her, drängen nach der Seite, treten über die Taue oder steigen. Vereinzelt

werfen sich die Pferde zu Boden oder auf die Deich=
sel und auf das Nebenpferd, schlagen mit den
Hinterfüßen gegen die Taue oder das Fahrzeug.
Dann macht das Pferd einzelne Galoppsprünge
nach vorwärts, um wieder stehenzubleiben.

Nicht richtig verpaßtes Geschirr, unregelmäßiges
Anspannen, große Empfindlichkeit, Launen, zu
schwere Lasten, unsachgemäßes Fahren oder wirk=
liche Störrigkeit können Ursache für das Verwei=
gern des Ziehens sein. Bei wirklicher Störrigkeit
ist viel Geduld und Zeit erforderlich, um diese
Untugend zu beheben. Die Pferde sind zunächst
gem. Fahrvorschrift (Fahrv.) H.Dv. 465/2 Nr. 7 bis
18 erneut auszubilden. Nur gut ausgebildeten und
verständnisvollen Fahrern sind nichtziehende
Pferde zum Fahren in die Hand zu geben.

172. Das Durchgehen der Pferde hat seine
Ursache meist darin, daß die Pferde nicht an das
Gehen im Rudel in erhöhter Gangart mit häufi=
gen Paraden zum Schritt gewöhnt worden sind.
Geht ein Pferd durch, so gibt der Reiter bei
elastisch gespanntem Kreuz einseitige nachdrückliche
Anzüge und gibt dann wieder nach. Er versucht
das Pferd auf einem großen Kreis abzuwenden
und diesen zu verkleinern.

Die häufigste Ursache des Durchgehens
bei Zugpferden liegt im Scheuen vor fremden Ge=
genständen, in der Schreckhaftigkeit und in der
Ängstlichkeit des Pferdes.

Die gefährlichsten Durchgänger
sind die ängstlichsten Pferde. Sobald die
Angst die Herrschaft über das Pferd erhält, ist die

menſchliche Hand oft außerſtande, ſolche Pferde zu meiſtern. Kommt dann noch ein ungeſchickter Fahrer hinzu, ſo wird den Pferden das Durchgehen bald zur Gewohnheit. Merkt aber ein Pferd, daß ſein Fahrer ihm gewachſen iſt und es zu beherrſchen verſteht, ſo wird das Pferd mit der Zeit Vertrauen gewinnen und die Unart allmählich ablegen. Vor allen Dingen iſt es notwendig, ängſtliche und ſcheuende Pferde von der Grundloſigkeit der vermeintlichen Gefahr zu überzeugen. Man beruhige die Pferde, indem man ſie klopft und mit ihnen ſpricht. Nur durch langſames Gewöhnen und durch den häufigeren Anblick des Gegenſtandes, der das Scheuen veranlaßt, wird das Pferd ſeine Furcht allmählich verlieren. Durch Strafen wird nur das Gegenteil erreicht (ſ. auch Reitvorſchrift [R.V.] H.Dv. 12 vom 18. 8. 1937 Nr. 44a).

173. Die Kopfſcheue beſteht in einer überempfindlichkeit gegen die Berührung des Kopfes, namentlich beim Auflegen des Halfters, des Zaumzeuges und des Geſchirrs.

Die Urſachen ſind meiſt falſches Aufzäumen bei jungen Pferden, in ſchlimmeren Fällen Verletzungen am Kopf (Scheuerwunden, Ohrverletzungen, Ladendruck). Die Kopfſcheue tritt gewöhnlich ſehr ſchnell ein, ſie kann häufig zu großen Schwierigkeiten führen.

Zum Abgewöhnen der Kopfſcheue wendet man folgendes Mittel an. Das Pferd wird mit der Hinterhand in eine Ecke eines Laufſtandes geſtellt. In einer Entfernung von je 1,50 m aus der Ecke heraus und in einer Höhe von 1,20 m werden 2 Anbinderinge angebracht, an welchen das Pferd ausgebunden wird. Zum Schutze der Beine polstert man die Ecke mit Stroh oder einer Matte. Das Pferd ist in dieser Stellung machtlos. Man geht jetzt häufig an das Pferd heran (in den ersten beiden Stunden etwa 30mal) und gibt ihm jedesmal einige Rüben, etwas Brot oder Zucker. Hierbei ist viel mit dem Pferde zu sprechen und dasselbe zu beruhigen. Unter Zureden legt man dem Pferde dann vorsichtig eine Trense auf und nimmt dieselbe dann wieder ab. Dies wiederholt man so lange, bis das aus der Ecke herausgenommene Pferd sich völlig und ruhig auftrensen läßt.

174. Eine beim Hufbeschlag auftretende Widersetzlichkeit kann folgende Ursachen haben: Schmerzen am Fuß, starke Nervosität, Ängstlichkeit, starker Rauch in der Schmiede, rohe und unsachgemäße Behandlung. Alle Zwangsmittel sind zu unterlassen, sie dürfen nur im Notfalle unter Aufsicht eines Veterinäroffiziers angewendet werden.

Den Remonten, die erst bei der Truppe beschlagen werden, ist beim Hufbeschlag ein Aufheben der Füße mit Geduld und in aller Ruhe anzulernen. Hierfür sind nur kräftige und unerschrockene Mannschaften, die volles Verständnis für die Eigenarten der jungen Pferde haben, heranzuziehen.

Zum Aufheben des linken Vorderfußes stellt sich der Aufhalter mit der Front gegen das Pferd in die Höhe des linken Vorder=

fußes, macht rechts um, legt die linke Hand flach und fest auf den Widerrist, streicht mit der rechten Hand langsam und ruhig längs des Pferdefußes bis zum Fesselkopf und faßt denselben. Während die rechte Hand den Pferdefuß nach oben beugt, geht die linke Hand vom Widerrist über die Schulter und den inneren Unterarm ebenfalls zum Fesselkopf. Beide Hände umfassen den Fuß fest in der Fesselbeuge und heben ihn. Der Aufhalter setzt dann seinen rechten Fuß etwas zurück und stützt die Vorderfußwurzel des Pferdes auf sein leicht gebeugtes linkes Knie. Der Oberkörper wird dabei gerade gehalten.

Beim Niedersetzen des Pferdefußes geht der Aufhalter mit der linken Hand wieder bis zum Widerrist, setzt mit der rechten Hand, immer mit dem Pferdekörper in Berührung bleibend, den Fuß auf den Boden.

Das Aufheben des rechten Vorderfußes geschieht in der gleichen Weise, nur verrichtet die linke Hand die Aufgaben der rechten und umgekehrt.

Zum Aufheben des linken Hinterfußes stellt sich der Aufhalter in die Höhe des linken Hinterfußes mit der Front gegen den Schweif des Pferdes. Der Aufhalter legt die linke Hand flach und fest auf die Hüfte des Pferdes, streicht mit der rechten Hand langsam und ruhig über Ober= und Unterschenkel, über das Sprunggelenk bis zur Mitte des Hintermittelfußes und zieht die Gliedmaße, während er das Pferd etwas nach links drückt, unter dem Bauch vorwärts. Der

120

vorgezogene Pferdefuß wird sodann unter Hoch=
heben nach rückwärts gedrückt, wobei der Aufhalter
mit dem eigenen linken Fuß nachgeht und zu glei=
cher Zeit mit dem linken Arm über Ober= und
innere Seite des Unterschenkels bis zum Fesselkopf
führt, den er fest faßt. Die rechte Hand läßt jetzt
den Hintermittelfuß los und faßt ebenfalls den
Fesselkopf von außen. Der Aufhalter legt dann
den Oberkörper in gerader Haltung etwas zurück,
ohne dabei das Knie zu beugen, nur der rechte Fuß
wird etwas zurückgesetzt.

Beim Niedersetzen des linken Hin=
terfußes läßt der Aufhalter zuerst mit der
rechten Hand den Fesselkopf los und faßt mit der
rechten Hand die Mitte des Hintermittelfußes, geht
dann mit dem linken Arm wieder bis zur Hüfte
des Pferdes, zieht gleichzeitig den Pferdefuß unter
dem Bauch nach vorwärts und setzt ihn, ohne daß
die rechte Hand den Fuß losläßt, ruhig auf den
Boden.

Das Aufheben des rechten Hinter=
fußes erfolgt sinngemäß.

V. Futtermittel, Futtersätze, Zusammensetzen des Futters.

A. Normale Futtermittel.

175. Hafer, Heu und Stroh sind das beste Pferdefutter. Hafer und andere Kraftfuttermittel allein ohne genügend Rauhfutter genügen nicht, um die Pferde leistungsfähig zu erhalten. Mangel an Rauhfutter macht sich besonders bei Pferden schweren Schlages ungünstig bemerkbar. Aber auch bei Heu und Stroh allein ohne Kraftfutter können arbeitende Pferde längere Zeit nicht dienstbrauchbar erhalten werden. Der Hafer als Hauptkraftfuttermittel kann durch andere geeignete Kraftfuttermittel zum Teil ersetzt werden.

a) Hafer.

176. Guter Hafer soll dünnschalig, glänzend hell- bis goldgelb, möglichst großkörnig, staubfrei und trocken sein. Der Hafer darf nicht dumpfig riechen, er darf auch nicht mit Unkraut und anderen Unreinigkeiten vermischt sein. Weißlicher, grauer und schwarzer Hafer (Auslandshafer) ist, bei sonst einwandfreier Beschaffenheit, nicht zu beanstanden.

Dumpfig riechender, sauer oder bitter schmeckender, schimmliger und ausgewachsener Hafer ist, da er auf die Gesundheit der Pferde nachteilig wirken kann, vom Füttern auszuschließen. Muß man notgedrungen derartigen Hafer füttern, so ist er vorher in der Sonne zu würfeln, auszustauben und mit Salzwasser zu reinigen. Mischung des Salzwassers: 10 g Salz auf 2 Liter Wasser.

Hafer wird ohne besondere Zubereitung mit Häcksel vermischt verabreicht. Für alte, schlecht genährte Pferde und solche mit mangelhaftem Gebiß kann er zeitweise grob geschrotet und gequetscht werden. Allen Pferden durchweg in dieser Weise zerkleinerten Hafer zu geben, ist für die Dauer nicht zweckmäßig. Hingegen hat sich in Pferdelazaretten bei kranken und erschöpften und bei den infolge Futtermangels heruntergekommenen Pferden zerkleinerter Hafer bewährt.

Häcksel veranlaßt erhöhte Kautätigkeit; durch die damit verbundene reichliche Speichelabsonderung wird das Stärkemehl des Haferkornes besser ausgenutzt und die Verdauung gut vorbereitet. Bei Fütterung mit reinem Hafer werden viele Körner beim Kauen nicht zermahlen und finden sich unverdaut im Kot vor. Der Häcksel muß mindestens 2—3 cm lang sein, zu kurzer Häcksel regt die Kautätigkeit und Speichelabsonderung nicht genügend an. Zweckmäßig feuchtet man Hafer und Häcksel etwas an, um das Wegblasen des Häcksels beim Fressen zu verhindern. Im übrigen siehe Nr. 178.

Grünhafer (Hafer auf dem Halm), auch Grünroggen sind gute Futtermittel; Halme und Ähren sind gleichmäßig zu mischen.

124

b) Heu.

177. Heu ist ein wichtiges und wertvolles Beifutter für die Pferde. Heu soll möglichst aus süßen Wiesengräsern (Knotengräsern) gewonnen, trocken und wohlriechend sein. Es darf keine schädlichen und giftigen Gräser oder Kräuter (s. Nr. 218) enthalten. Die Farbe kann zwischen graugrün bis grauweiß wechseln.

Der Wert des Wiesenheues kann sehr verschieden sein; er ist abhängig von der Art und dem Alter der Gräser, vom Boden, von der Düngung, von der Witterung und von dem Zeitpunkt der Ernte. Das in der Blütezeit geschnittene Gras besitzt mehr Nährkraft als das später geschnittene und in dem Stengel verholzte.

Zu spät gemähtes, überständiges, d. h. nicht kurz vor der Blüte geschnittenes Heu, sowie Heu aus sauren Gräsern (aus sumpfigen Wiesen, knotenlos mit gefülltem Stengel) ist minderwertig. Aus Heu angefertigte Seile sind vor der Verfütterung aufzuwickeln und auseinanderzuschütteln. Bei Preßheu ist stets der Draht zu entfernen, etwaige dumpfe Ballenteile sind auszusondern!

Heu, das erst vor kurzem geerntet (4 bis 8 Wochen), also noch nicht den Schwitz- oder Gärungsprozeß durchgemacht hat, kann schwere Verdauungsstörungen (Kolik) hervorrufen. Es ist daher nur im Notfalle und mit älterem Heu oder mit reichlichem Stroh vermischt zu geben. Verschimmeltes, dumpfiges Heu kann zu schweren Erkrankungen mit tödlichem Ausgange führen. Falls die Notlage zur Verfütterung zwingt, soll solches Heu durch Auseinanderlegen in der Sonne, durch längeres Lüften und durch Besprengen mit Salzwasser bekömmlicher gemacht werden. Mischung des Salzwassers: 10 g Salzwasser auf 2 Liter Wasser.

Neben dem Wiesenheu ist das Heu von verschiedenen Kleearten (Rotklee, Luzerne, Esparsette, Seradella) ein ausgezeichnetes Rauhfuttermittel, hauptsächlich für schwere Zugpferde. Bei Fütterung dieser Heusorten in größeren Mengen ist jedoch, da leicht Verdauungsstörungen, wie Kolik und Blähsucht, entstehen können, Vorsicht geboten. Ein Mischen mit trockenem Wiesenheu ist zweckmäßig.

c) Stroh.

178. Das S t r o h ist in der Hauptsache ein raumfüllendes und die Verdauungsdrüsen anregendes Beifutter (Häcksel).

Zur Häckselbereitung ist am besten Roggen-, aber auch Hafer- und Weizenstroh zu verwenden. Stroh soll nicht verschimmelt, faulig oder dumpfriechend, auch nicht mit Rost- oder Brandpilzen in auffälliger Weise befallen sein.

Steht wenig Stroh zur Verfügung, so muß das vorhandene Stroh unter allen Umständen als Häcksel zur Fütterung Verwendung finden. A l s S t r e u kommen dann Ersatzstoffe, wie Torf, Heidekraut, Ginster, Waldlaub, Sägemehl, in Betracht.

Häcksel aus zu hartem und nicht schmackhaftem Stroh, der von den Pferden nicht gern gefressen wird, kann durch Dazuschneiden von Heu verbessert werden.

179. Da das Rauhfutter (Heu und Stroh) zum großen Teil in Preßform geliefert wird, so ist eine ständige Kontrolle der Preßballen, besonders ihrer Beschaffenheit im Inneren, unbedingt erforderlich. Im Inneren der Ballen bilden sich leicht dumpfige, schimmlige und verfaulte Stellen, die für die Pferde gesundheitsschädlich sein können.

Um zu verhüten, daß nicht einwandfreie Preßballen zum Füttern und Einstreuen gegeben werden, ist folgendes zu beachten:

1. Jeder Preßballen von Heu und Stroh ist beim Empfang im Heeresverpflegungsamt auf sein äußeres Aussehen durch einen Veterinäroffizier, Offizier oder den Futtermeister zu prüfen.

2. Jeder Preßballen ist sofort nach dem Verbringen auf dem Futterboden auseinanderzunehmen, zu prüfen und, wenn keine Beanstandungen sind, gut ausgebreitet zu lagern. Nicht einwandfreie Ballen sind dem Heeresverpflegungsamt zurückzugeben.

3. Es sind nur soviel Ballen zu empfangen, als unbedingt erforderlich sind und ausgebreitet auf dem Futterboden gelagert werden können.

B. Ergänzungs= und Ersatzfuttermittel.

180. Alle Ergänzungs= und Ersatzfuttermittel sind Notbehelfe. Da die Truppenpferde nur an die Fütterung von Hafer, Heu und Stroh, allenfalls noch etwas Grünfutter gewöhnt sind, so müssen sie langsam an ein neues Futermittel gewöhnt werden.

Die Erfahrungen des Weltkrieges haben gelehrt, daß Pferde mit richtig zusammengesetzten und verabreichten Ersatzfuttersätzen monatelang ernährt und leistungsfähig erhalten werden können, daß durch falsche Verabreichung von Ersatzfuttermitteln dagegen große Pferdeverluste entstehen können. Die Kenntnis, wie und in welchen Mengen selten gebräuchliche Futtermittel zu geben sind, ist daher von großer Bedeutung für Offiziere und Mannschaften.

a) Ergänzungs= und Ersatzfuttermittel für Hafer.

181. Der dauernde Ersatz der gesamten Haferration durch Ersatzfuttermittel ist für die Leistungsfähigkeit, oft auch für die Gesundheit des Pferdes nachteilig.

Bei Verfüttern von Ersatzfuttermitteln gelten als Erfahrungsgrundsätze: Die Pferde l a n g = s a m , also mit kleinen Mengen beginnend, an das neue Futter zu gewöhnen. Häufig verweigern die Pferde mehrere Tage das Ersatzfutter, nehmen es später meist dauernd und vertragen es auch gut. Das Ersatzfuttermittel ist in einer der Eigenart des einzelnen Pferdes angepaßten Form (Mischung der Rationsteile, Beigabe von Heuhäcksel zur Geschmacksverbesserung) b e s o n d e r s   s o r g f ä l t i g   z u z u b e r e i t e n .

1. Gerste.

182. G e r s t e besitzt geringere Verdaulichkeit als Hafer, sie kann den Hafer aber voll ersetzen. Wegen ihrer Härte ist die Gerste schwer zu zerkauen, aus

diesem Grunde ist Anbrechen, Schroten oder Ein=
quellen zweckmäßig. Das Einquellen geschieht durch
Übergießen der Gerste mit Wasser, bis sämtliche
Körner bedeckt sind. Dies hat jeweils 24 Stunden
vor jeder Fütterung zu geschehen. Die Körner
saugen das Wasser fast vollständig auf. Etwa
übrigbleibendes Wasser kann mit verfüttert werden.

Man ersetzt gewöhnlich ⅓ bis ½ der Haferration
durch Gerste. Im Notfall kann Gerste allein ge=
füttert werden. Nährstoffverhältnis zu Hafer wie
1 : 1.

Gute Gerste soll großkörnig, hellgelb, blank und
nicht dumpfig sein.

2. Roggen und Weizen.

183. Roggen und Weizen sind ebenfalls
gute Ersatzmittel für Hafer, sie sind aber schwerer
verdaulich als dieser. Roggen und Weizen dürfen
nicht im frischen Zustande und nicht in zu großen
Mengen verfüttert werden; unter keinen Um=
ständen dürfen sie vor dem Tränken verfüttert
werden, da sonst mit Verdauungsstörungen, wie
Kolik und Verschlag, zu rechnen ist. Die Pferde
sind langsam an das Futter zu gewöhnen, indem
man in den ersten Tagen nur ⅓ bis ¼ der Ration
durch Roggen oder Weizen, mit Häcksel vermischt,
ersetzt, dann einige Tage Hafer und Roggen oder
Weizen zu gleichen Teilen füttert; reine Roggen=
oder Weizenfütterung ist möglichst zu vermeiden.
Durch Brühen oder Kochen, durch Quetschen oder
Einquellen werden Roggen und Weizen bekömm=
licher. Nährstoffverhältnis zu Hafer wie 1 : 1.

Betreffs der guten Beschaffenheit gilt das in Nr. 176 Gesagte.

3. Erbsen und Bohnen.

184. Erbsen und Bohnen stellen infolge ihres Eiweißgehaltes ein vorzügliches Kraftfutter= mittel als Zugabe oder auch als Ersatz für einen Teil des Hafers dar. Erbsen und Bohnen werden langsam, aber in hohem Grade verdaut und aus= genutzt, infolge ihres starken Quellungsvermögens üben sie, reichlich gegeben, eine stopfende und blähende Wirkung aus. Sie befähigen die Pferde zu großer Kraftleistung und Ausdauer. Schon einige Hände voll, einige Wochen lang auf jedes Haferfutter gegeben, haben eine sehr gute Wirkung. Unvermischt und in größeren Mengen dürfen Erbsen und Bohnen nur verabreicht werden, wenn die Pferde reichliche Arbeit haben, andernfalls können leicht Gehirnkrankheiten, Kolik und Ver= schlag entstehen.

Im allgemeinen ersetzt man bei den Truppen= pferden höchstens ⅙ der Hafermenge durch Erbsen oder Bohnen und gibt zur Verhütung von Verstop= fung gleichzeitig Weizenkleie, Mohrrüben, Futter= rüben. Erforderlich sind auch viel Häcksel und Rauhfutter. Erbsen und Bohnen müssen gebrochen oder 24 Stunden gequellt werden. Werden Erbsen oder Bohnen gequellt, so ist das dazu benutzte Wasser noch mit Vorteil zum Anfeuchten des Fut= ters zu verwenden, da es einige Nährstoffe ent= hält. Erbsen dürfen nicht mit den eckigen, beil= förmigen Platterbsen oder den rundlichen, mit

schnabelartig hervorspringender Wurzelanlage ver=
sehenen Kichererbsen vermischt sein. Beide rufen
schwere Vergiftungen (Erstickungsanfälle, Läh=
mungen, Kehlkopfpfeifen) hervor. Nährstoffver=
hältnis von Hafer zu Erbsen oder Bohnen wie
4 : 3.

Mondbohnen (Rangoonbohnen) sind infolge
hohen Blausäuregehalts oft giftig. Ist man ge=
zwungen, sie zu verfüttern, so sind sie mit Wasser
abzubrühen. Das Wasser darf nicht verabreicht
werden, sondern ist wegzugießen.

Bei Fütterung von Erbsen oder
Bohnen ist größte Vorsicht mit dem
Tränken geboten. Stets ist vor dem
Füttern zu tränken.

185. Sojabohnen sind reich an verdaulichem
Eiweiß und vor allem an Fett. Da der starke Fett=
gehalt abführend wirkt, so dürfen große Mengen
hiervon nicht gefüttert werden. Am geeignetsten ist
eine Mischung von Sojabohnenschrot mit reichlichem
Häcksel. Dem handelsüblichen Sojabohnenschrot ist
meist so viel Fett entzogen, daß es wie Erbsen ver=
füttert werden kann.

4. Mais.

186. Mais ist wegen seines großen Fettgehaltes
mehr Mast= als Kraftfutter. Amerikanischer Mais
kann zeitweise als Ersatz für Hafer ohne Nachteil
für die Pferde gefüttert werden, dagegen wird der
ungarische Mais seiner harten Schale wegen von
Pferden nicht gerne genommen. Am besten ist eine
Mischung von Hafer und Mais im Verhältnis 1 : 1,

im Notfall kann aber Mais allein statt des Hafers gefüttert werden. Mais wird am besten g r o b gebrochen, mit Häcksel trocken gefüttert, also nicht fein gemahlen oder gequellt. Gebrochener Mais darf nicht längere Zeit aufbewahrt werden, da er sonst ranzig wird. D a s T r ä n k e n h a t **v o r** d e m F ü t t e r n z u g e s c h e h e n. Ist dies nicht durchführbar, d a n n d a r f e r s t z w e i S t u n= d e n n a c h d e m F ü t t e r n g e t r ä n k t w e r= d e n. Man gibt Mais am besten in der kühleren Jahreszeit. Er eignet sich besser für langsam arbeitende Zugpferde als für Reitpferde.

Grüner Mais und Maiskolben werden von den Pferden gern genommen und in kleinen Mengen ohne Schaden verdaut; große Mengen erzeugen Durchfall.

Mais muß trocken und glänzend sein, er darf nicht dumpfig riechen und soll nicht viele Bruch= stücke enthalten. Die Größe und Form der gelben Körner sind nicht von besonderer Bedeutung.

Nährstoffverhältnis zu Hafer wie 1 : 1.

5. Buchweizen.

187. B u c h w e i z e n darf nur ausnahmsweise als Ersatz für Hafer verwendet werden. Buchweizen erzeugt leicht Verdauungs= und nervöse Störungen und ist daher mit größter Vorsicht zu verfüttern. Wegen seiner harten Schalen ist er zu schroten und mit viel Häcksel zu füttern. Höchster Tagesfuttersatz beträgt 1½ kg. Nährstoffverhältnis zu Hafer wie 1 : 1.

6. Lupinen.

a) Bittere Lupinen.

188. Nicht entbitterte Lupinen sind giftig. In entbittertem und entgiftetem Zustande bilden Lupinen ein vorzügliches Kraftfuttermittel. Die Lupinen werden durch etwa einstündiges Kochen und 48stündiges Wässern in häufig zu wechselndem Wasser entbittert und entgiftet. Die Lupinen werden gequetscht, mit Hafer und Häcksel gut durchmischt und naß verfüttert. Die Pferde sind allmählich an die Fütterung mit Lupinen zu gewöhnen, dabei ist reichlich Heu zu geben. Höchster Tagesfuttersatz beträgt ½ der Haferration.

Nährstoffverhältnis Hafer zu Lupinen wie 4 : 3.

b) Süßlupinen.

Süßlupinen sind ein gutes Futtermittel. Sie werden ohne besondere Vorbehandlung gequetscht und angefeuchtet verfüttert. Ihr Nährwert und die zu verabreichende Menge ist gleich wie bei entbitterten Lupinen.

7. Ölkuchen.

189. Die Lein=, Erdnuß= und Sesamkuchen sind hochwertige Futtermittel, sie enthalten viel Eiweiß und Fett, aber keine Stärke. Als vollwertiges Ersatzfutter für Hafer können sie nicht angesehen werden. 1 bis 1½ kg täglich stellen eine gute Kraftfutterzulage dar. Die Aufbewahrung von Ölkuchen muß völlig trocken, kühl und luftig erfolgen.

Bei dem Ankauf von Ölkuchen ist Vorsicht geboten, da diese gerne verfälscht werden und dann minderwertige Beimengungen, wie Rizinussamen, enthalten.

Leinkuchen haben einen sehr hohen Eiweißgehalt, sie werden wegen ihres Gehalts an Öl und Schleim als diätisches Mittel für Darmerkrankungen gern angewandt. In der Haarwechselzeit haben sie einen guten Einfluß auf das Allgemeinbefinden des Pferdes.

190. Erdnußkuchen kommen geschält und ungeschält in den Handel. Da die harten Schalen wertlos sind, ist nur die geschälte Ware zu verwerten. Erdnußkuchen haben eine weiße bis weißlichgraue Farbe und einen angenehmen Geruch. Sie werden von den Pferden gern genommen und gut ausgenutzt.

191. Sesamkuchen, der reich an Eiweiß und Fett ist, stellt ein gutes Beifutter für Pferde dar.

8. Kartoffeln.

192. Kartoffeln mit der Schale sind brauchbares Ersatzfutter.

Während rohe Kartoffeln in größeren Mengen (täglich über 10 kg), längere Zeit gegeben, für die Pferde gesundheitsschädlich sind und daher nur in kleinen Mengen (1 bis 2½ kg täglich) als diätisches Beifutter gegeben werden dürfen, sind gedünstete oder gekochte Kartoffeln und Trockenkartoffeln (Flocken, Schnitzel) allgemein als Pferdefutter brauchbar.

Erdbeimengungen sind zu beseitigen, die Keime bei auswachsenden Kartoffeln sind wegen ihrer Giftigkeit zu entfernen.

An gedünsteten Kartoffeln können pro Tag und pro Pferd 10 bis 15 kg, an Trockenkartoffeln unter genügendem Zusatz von Häcksel, Heu und etwa ½ bis 1 kg Ölkuchen oder Trockenhefe gefüttert werden. Die Beigabe von kleineren Kochsalzmengen (20 g auf 5 kg Kochkartoffeln) oder von 2 bis 3 Eßlöffeln Kalk (Schlemmkreide) bei großen Kartoffelmengen ist zu empfehlen. Längere Zeit durchgeführte Kartoffelfütterung macht die Pferde schlaff, die Pferde schwitzen leicht, es kann bei plötzlichem Fütterungsübergang oder zu großen Mengen Durchfall oder Kolik entstehen. Das Füttern von Kartoffeln ist daher möglichst nur auf kurze Zeit zu beschränken.

Nährstoffverhältnis von rohen Kartoffeln zu Hafer wie 5 : 1, von gekochten und gedämpften Kartoffeln zu Hafer wie 4 : 1, von Trockenkartoffeln zu Hafer wie 3 : 1.

9. Zucker.

193. Zucker ist wegen seiner leichten Verdaulichkeit und seiner Verwertung im Körper ein guter Kraftspender. Da der Zucker kein Eiweiß enthält, so kommt nur teilweiser Ersatz für Hafer oder Zugabe zum Futter in Frage. Besonders bei anstrengenden Übungen, bei Distanzritten, Dauerfahrten

ist Zucker bis zu 3 kg als Ersatz und bis zu 1 kg
täglich als Zugabe von Nutzen. Der Zucker wird
mit dem Futter oder dem Trinkwasser verabreicht.
Nach reichlicher Fütterung tritt hie und da Durch=
fall ein, gesteigertes Durstgefühl beim Pferde ist
wahrzunehmen.

10. Melasse.

194. Melasse ist der syrupartige Rückstand der
Rübenzuckerfabrikation, der mit Stroh oder Kleie,
Biertrebern, Torf, Blut zu einer lockeren Masse
vermischt ist. Sie enthält Zucker und Salze, ver=
bessert den Appetit, regt die Darmbewegung an
und wird daher bei schlechten Fressern und zum
Verhüten von Koliken als Zulage verwendet. Mehr
als 1—1½ kg am Tage soll man nicht geben. Von
Nachteil ist, daß durch Melassefütterung Fliegen in
den Stall gelockt werden und der Durst der Pferde
erhöht wird. Melasse ist daher möglichst nur im
Winter zu füttern. Das Entwöhnen von Melasse=
fütterung vor einem Verlassen des Standortes muß
allmählich geschehen, sonst verweigern viele Pferde
die Futteraufnahme.

11. Zuckerrübenschnitzel.

195. Zuckerrübenschnitzel (Trockenschnitzel,
Diffusionsschnitzel, Melasseschnitzel) werden von
Pferden gern genommen. Sie sind bei vorsich=
tiger, richtiger Fütterung ein gutes Beifutter.
Die Schnitzel sind leicht verderblich, sie enthalten
nicht alle notwendigen Nährstoffe. Die Pferde

müssen an die Aufnahme größerer Mengen ganz allmählich gewöhnt werden. Zuckerrübenschnitzel können daher als Ersatz für Hafer nur im Notfall verwendet werden und nur, wenn gleichzeitig eiweiß= und mineralstoffreiche Futtermittel (z. B. Ölkuchen, Tierkörpermehle) verabreicht werden können.

Die trockenen Schnitzel quellen sehr stark auf; sie sind daher einige Minuten vor dem Füttern zu brühen und feucht zu füttern. **Die Pferde sind vor dem Füttern zu tränken.**

12. Kleien.

196. Kleien sind, da sie neben Eiweiß, Fett und Rohfasern einen hohen Gehalt an Phosphorsäure und Kalk haben, die für die Knochen des Pferdes von Bedeutung sind, wertvolle Futtermittel. Kleien können den Hafer bis zu ⅓ des Tagesfuttersatzes ersetzen. Kleien werden entweder trocken verfüttert oder mit heißem Wasser als „Schlapp" gegeben.

Der Kleienschlapp oder in stärkerer Verdünnung der Kleientrank ist für schlecht fressende, magere und darmempfindliche Pferde von großem Wert. Besonders nach anstrengenden Leistungen ist eine Gabe von Kleienschlapp angezeigt. Reichliche Mengen, längere Zeit gegeben, wirken erschlaffend und bewirken hie und da Verdauungsstörungen (Darmsteine).

Weizenkleie ist der Roggenkleie vorzuziehen, andere Kleiearten sind weniger zu empfehlen.

Kleie soll hellgelb=rot gefärbt sein, sie soll nicht dumpfig riechen oder feucht sein und keine schwarzen Beimengungen (Samen der Kornrade oder Brand= sporn) enthalten.

Nährstoffverhältnis zu Hafer wie 3—4:2 je nach Güte der Kleie.

13. Malzkeime und Trockentreber.

197. Malzkeime und Trockentreber sind, gut getrocknet, sehr nahrhaft und bekömmlich. Sie sind bis ½ der Haferration trocken zu füttern.

Malzkeime sollen den eigentümlichen Malzgeruch besitzen, trocken, hellgelb, nicht staubig und nicht verschimmelt sein.

Trockentreber sollen schwach aromatisch riechen und eine hellgraue Farbe haben. Eine dunkle Farbe deutet auf Überhitzung. Hierdurch werden die Trockentreber schwer verdaulich.

Nährstoffverhältnis zu Hafer wie 1:1.

14. Strohkraftfutter.

198. Die geringen Nährstoffe des Strohs, die in= folge des Rohfasergehaltes nur wenig zur Geltung kommen, können durch chemische Behandlung voll= wertiger, d. h. leichter verdaulich gemacht werden. Das sogenannte „aufgeschlossene Stroh" ist vorübergehend als teilweiser Haferersatz brauch= bar. Als höchster Tagessatz sind 5 kg zu füttern. Größere papartige Stücke (Fehler der Herstellung) müssen ausgelesen werden.

Nährstoffverhältnis zu Hafer wie 2—3:1.

15. Tierkörpermehle.

199. Tierkörpermehle (Fleischmehl, Blut=
mehl) sind sehr hochwertige Futtermittel, die in
kleinen Mengen unbedenklich verfüttert werden
können. Des eigenartigen Geruches wegen, der vor
allem in den Sommermonaten stark hervortritt,
werden diese Futtermittel am besten vermischt mit
Melasse oder sonstigen geeigneten Zuckerfuttermit=
teln und mit viel Häcksel gegeben. Nährstoffver=
hältnis Tierkörpermehl : Hafer wie 4 : 3; höchste
Tagesmenge etwa 1 kg.

16. Ackerquecken.

200. Ackerquecken (Triticum repens) sind ein
gutes Ersatzfuttermittel für Hafer, sie können grün
oder getrocknet und zerkleinert verfüttert werden.
Für 1 Teil Hafer werden 3 Teile Quecken gegeben.

b) Grünfütterung.

201. Grünfutter wirkt überaus günstig auf
das Pferd ein. Wo es sich irgend ermöglichen läßt,
soll man die Pferde weiden lassen. Durch das Grün=
futter werden Appetit und Darmtätigkeit angeregt.
Für erschöpfte und durch Krankheit heruntergekom=
mene Pferde ist der Weidegang oft das einzige,
überraschend schnell helfende Heilmittel.

Der Übergang von Trockenfütterung zum aus=
schließlichen Weidegang muß allmählich erfolgen,
wobei mit Hafer, Heu und Stroh täglich nachzu=
lassen ist. Bei ausschließlichem gutem Grünfutter
(Weide) können die Pferde gut bestehen und bis

zu einem gewissen Grade leistungsfähig erhalten werden.

Zur Fütterung im Stall kommen im allgemeinen in Betracht:

1. Wiesengräser, Klee, Esparsette, Luzerne und Seradella.

202. Diese Grünfuttermittel sind, in großen Mengen (6= bis 8fache der Haferration) verfüttert, geeignet, auf kurze Zeit den Hafer und das Heu teilweise und im Notfalle auch ganz zu ersetzen, ohne daß die Pferde wesentlich an Leistungsfähigkeit einbüßen, auf die Dauer können sie jedoch als Kraftfutter nicht verwendet werden.

Das Grünfutter darf in der Regel nicht länger als 12 Stunden vorrätig gehalten werden. Verwelktes und erhitztes Grünfutter ist unter allen Umständen zu verwerfen.

In kleinen Mengen gegeben ist Grünfutter ein vortreffliches, ähnlich wie Rüben wirkendes diätisches Beifutter.

Junger gut gewachsener Klee soll niemals allein, sondern stets mit Heu und Stroh zusammen verfüttert werden.

2 Grünhafer, Grünroggen, Grünweizen, Grünmais, grüne Süßlupinen.

203. Diese Futterarten sind den Pferden im allgemeinen durchaus bekömmlich. Sie sind für kürzere Zeit geeignet, die Pferde leistungsfähig zu erhalten. Bei der Fütterung ist darauf zu achten, daß Halme und Ähren gleichmäßig durcheinandergemischt sind, da der ausschließliche Genuß der Ähren Verdauungsstörungen zur Folge haben kann.

Mehr als für die anderen Ersatzfuttermittel gilt für das Grünfutter, daß es ohne gewisse Gefahr nicht in größeren Tagesmengen verfüttert werden darf. Die Tagesmengen sind in mehreren Mahlzeiten zu verabfolgen. **Die Pferde müssen vor dem Füttern, sie dürfen keinesfalls bald nach demselben getränkt werden.**

204. Bittere Grünlupinen dürfen nur im Notfalle und nur für wenige Tage als Haferersatzmittel verfüttert werden. Sie werden außerdem ihres widerlichen Geschmackes wegen von den Pferden ungern genommen. Die geeignete Zeit zur Verfütterung ist die Zeit der Blüte. Grünlupinen dürfen nicht auf dem Haufen gelagert werden, sondern sind sofort nach dem Schnitt zu füttern.

205. Rübenfutter (Wurzeln) sind ein gutes Beifutter. In Frage kommen Möhren, Runkel- und Zuckerrüben. Sie werden in geringer Menge (2—5 kg täglich) verabreicht. Sie regen den Appetit und die Darmtätigkeit an. Die Rüben sind gut gereinigt und geschnitten zu geben; verfaulte Stücke sind auszumerzen.

c) Ersatzfuttermittel für Rauhfutter.

206. Rauhfutter macht das Pferd satt, regt die Drüsen und die Darmtätigkeit an und trägt dazu bei, daß die Kraftfuttermittel, wie Hafer, besser ausgenutzt werden. Auf die Beschaffung von Rauhfutter, das für die Pferde unentbehrlich ist, oder auf die Beschaffung von entsprechenden Ersatzfuttermitteln ist deshalb ein besonderes Augenmerk zu richten. Um den Schwierigkeiten, welche in jedem Kriege für den Ersatz des Friedensrauhfutters bald eintreten werden, Herr zu werden, muß die Truppe schon im Frieden alle von der Natur gebotenen Hilfsmittel und ihre Ausnutzung kennen.

1. Laub= und Reisigfutter.

207. Baumlaub in frischem oder getrocknetem Zustande kann im Notfalle als Heu= und teilweise als Haferersatz herangezogen werden. Laubheu ist lagerungsfähig und gut verdaulich. Brauchbar sind die Blätter fast aller Bäume und Sträucher mit Ausnahme der in Nr. 218 genannten Arten. Die beste Zeit für das Gewinnen des Laubheues ist der Mai und Juni, da dann das Laub den größten Nährwert besitzt. Getrocknet und in kleineren Mengen (1 kg täglich) gegeben, hat Laubfutter eine meist günstige Wirkung. Als Laubfutterkuchen (Laubmehl mit Melasse) verabreicht, ist die Ausnutzung besser. Die Handhabung und der Transport ist einfacher.

Der Nährwert von 2,5 kg Laubheu ist etwa gleich 2,5 kg Wiesenheu oder 1 kg Hafer.

208. Reisigfutter ist aus dünnen, bis zu 0,5 cm dicken Blätterzweigen der Bäume und

142

Sträucher mit Ausnahme der in Nr. 218 genann=
ten Arten zu gewinnen. Je weniger verholzt das=
selbe ist, desto besser ist es geeignet. Am vorteil=
haftesten wird Laubreisig gehäckselt, geschrotet oder
zermalmt. Zweige von Nadelhölzern sind wegen
ihres geringen Nährwertes nicht geeignet. In klei=
nen Mengen gefressen, sind dieselben ungefährlich,
in größeren Mengen verursachen sie Nierenreizung
(Harndrang).

Das bei den Pferden beliebte Ab=
nagen der Baumrinde schadet der Ge=
sundheit der Pferde nicht, es ist je=
doch, da die Bäume dadurch zu Schaden
kommen, zu verhindern. Auch Späne von
Laubhölzern schaden in kleineren Mengen nicht.

Der Nährwert von 1 kg Reisigfutter ist etwa
gleich 1 kg Stroh.

2. Schilf und Schilfrohr.

209. Schilf und Schilfrohr sind brauch=
bare Heuersatzmittel. Einige Schilfarten sind dem
Heu sogar gleichartig, wenn sie frühzeitig geschnit=
ten werden (Mielitzheu [s. Abb. 33], das aus einem
schilfähnlich aussehenden Gras hervorgeht). Schilf
und Schilfrohr werden am vorteilhaftesten grün
verfüttert und nicht zu Heu gemacht, da der größte
Teil der Nährstoffe sonst verlorengeht. Sie sind
möglichst frühzeitig, bevor die Blütenrispe aus=
schießt, zu schneiden. Es ist jedesmalig nur für
einen Tag Vorrat zu schneiden. Wird Schilf und

Abb. 33.

Mielitz.

A blühende Pflanze; 1 Teil der Ähre; 2 Spelzen.
1 und 2 vergrößert.

144

Schilfrohr gehäckelt, dann sind sie 3—5 cm lang zu schneiden und mit Strohhäcksel zu mischen. Die tägliche Ration beträgt 1 kg.

3. Disteln.

210. Disteln stellen, jung geschnitten, ein gutes Beifutter dar. Trockene Walddisteln, gemäht und im Verhältnis ½ Stroh : ½ Disteln verfüttert, werden gerne und ohne Schaden von den Pferden genommen. Ältere Disteln sind nötigenfalls aufzubrühen.

4. Brennesseln.

211. Brennesseln sind jung sehr nahrhaft und werden von den Pferden gern genommen. Getrocknet und gepulvert bilden sie einen guten Ersatz für Kleie.

5. Heidekraut.

212. Heidekraut ist ein brauchbarer Ersatz für Heu. Es ist nahrhaft, wird meist von den Pferden gern genommen und gut vertragen. Am geeignetsten zum Verfüttern sind junge Triebe. Auch nach Durchwinterung kann Heidekraut gesammelt und gefüttert werden. Die gröbsten, verholzten Stengel sind zu entfernen, anhaftende Erdteile auszuklopfen. Heidekraut kann ganz, gehäckelt oder als Streu gegeben werden. In letzterem Falle wird es wie es wie Strohstreu von den Pferden aufgenommen. Gehäckeltes Heidekraut ist auch als Beimischung bei Kartoffelfütterung geeignet.

6. Unkrautgräser.

213. Windgras der Brachen, Vogel-
miere, Schafgarbe, Farnkraut, Lö-
wenzahn dienen als Notfutter und können teilweise das Heu ersetzen.

7. Stechginster.

214. Stechginster in grünem Zustande wird
wegen seines bitteren Geschmackes von den Pferden
nicht gern genommen. Getrocknet und überwintert
liefert er jedoch einen brauchbaren Häcksel.

8. Isländisches Moos — Renntier-
flechte.

215. Isländisches Moos und Renn-
tierflechte sind brauchbare Ersatzfuttermittel.
Sie können bei jeder Witterung gesammelt wer-
den, am besten geschieht dies aber bei feuchtem
Wetter. Nach vorheriger Reinigung sind diese
Moosarten, da der Nährwert erhalten bleibt, zum
Trocknen geeignet. Es empfiehlt sich, sie mit Me-
lasse oder Zucker zu mischen.

9. Kartoffelkraut.

216. Kartoffelkraut kann als gutes Beifutter verwendet werden. Grünes Kartoffelkraut
und frisch getrocknetes Kartoffelkraut erzeugen
leicht Kolik und Durchfall, sie dürfen nicht verfüttert werden. Das Kartoffelkraut muß erst, wie das
Heu, einen Schwitzprozeß durchmachen. Die grünen
Samenkerne brauchen nicht entfernt zu werden, dagegen aber die Wurzeln. Bei Fütterung von getrocknetem Kartoffelkraut ist etwas Salz beizu-
geben.

d) Salz.

217. Salze (Kochsalz, Kalk-, Phosphorsalze) sind zum Aufbau des Körpers erforderlich. Im allgemeinen decken die in den Futtermitteln, insbesondere im Hafer, enthaltenen Mineralstoffe den Bedarf des Körpers an solchen Stoffen. In Zeiten, in denen der Körper besonders viel Mineralstoffe gebraucht (Haarwechsel) oder bei Fütterung mit Futtermitteln, die arm an den notwendigen Salzen sind (Kartoffeln, Rüben, Zuckerfuttermittel), zeigen die Pferde Hunger nach Mineralstoffen. Dieser macht sich im Belecken der Wände, durch Sandfressen, Aufnahme verunreinigter Streu bemerkbar.

Dieser Mineralstoffhunger muß durch Verabreichen entsprechender Mineralsalzmengen beseitigt werden. Am einfachsten legt man unverarbeitete Salzstücke aus Salzbergwerken (Salzlecksteine), die die für die Pferde wichtigsten Mineralsalze enthalten, in die Krippe. Werden die Salze in das Futter gegeben, so ist darauf zu achten, daß keine zu großen Tagesmengen gegeben werden, da die Pferde sonst an Durst und Durchfall leiden. Die zuträgliche Kochsalzmenge beträgt je Tag 1 Eßlöffel für das Pferd.

C. Giftpflanzen.

218. Das Vorkommen von Giftpflanzen auf Wiesen, Weiden, in Gärten, Parkanlagen, Straßengräben kann, wenn die Pferde Gelegenheit haben, derartige Pflanzen zu fressen, die Veranlassung zu plötzlichen Vergiftungserscheinungen sein.

Die bekanntesten Giftpflanzen sind Schachtelhalm (Acker-, Sumpf-. Schlammschachtelhalm), Herbstzeitlose, Schierling (Wasser-, Garten-, gefleckter Schierling), Akazie, Eibe (Taxus).

Ferner sind als Giftpflanzen von Bedeutung: Lingelkraut, schwarzes Bilsenkraut, Buchsbaum, Fingerhut, gemeiner Froschlöffel, Goldregen, Gottesgnadenkraut, Hahnenfuß, Kälberkopf, Nießwurz, Oleander, Schöllkraut, Sumpfdotterblume, Tollkirsche, Wiesenschaumkraut.

Auch die Samen von Kornrade, Rizinus, Taumellolch, Wasserpfeffer sowie Kichererbsen, Mondbohnen, Platterbsen wirken giftig. Abbildungen der bekanntesten Giftpflanzen s. Anhang 4.

Über Vergiftungserscheinungen, die durch Giftpflanzen hervorgerufen werden, siehe Nr. 138.

D. Futtersätze, Zusammensetzen des Futters.

219. Die zuständige Menge von Futter regelt sich nach der Verpflegungsvorschrift (H.Dv. 43).

Das Tagesfutter besteht aus:

Beim Futtersatz	Futterteil		
	Hafer g	Heu g	Stroh g
Ia	8000	8000	5000
I	6250	5500	5000
II	5000	4500	4000

220. Es sind zuständig:

Futtersatz Ia:

für Zugpferde schwersten Schlages der schweren Artillerie.

Futtersatz I:
   a) für Zugpferde schweren Schlages. Als Zugpferde schweren Schlages gelten alle Pferde, die nach der Stärkenachweisung in Planstellen für schwere Zugpferde verwendet werden,
   b) für die Reitpferde der Turnier= und Rennabteilung der Kavallerieschule bis zur Höchstzahl von 130 Reitpferden.

Futtersatz II:
   a) für alle übrigen Reit= und Zugpferde,
   b) für Tragtiere.
      Für Tragtiere darf 1 kg Hafer durch 2 kg Heu ersetzt werden.
   c) Für sämtliche Pferde der Marine.

Im Futterteil Stroh ist das Streustroh enthalten. Ist Streustroh nicht zuständig (z. B. bei Unterbringung in engem Quartier oder weil es nach dem Leistungsgesetz vom Quartiergeber zu liefern ist), so beträgt der Futterteil Stroh beim Futtersatz I und Ia: 3500 g, beim Futtersatz II: 2500 g.

221. Müssen in besonderen Fällen Hartfutterersatzmittel verabfolgt werden und ist kein anderes Verhältnis festgesetzt, so werden als Hartfutterersatz ⅔ Körner und ⅓ Ersatzfutter verabfolgt.

222. Über Futterzulagen siehe die Liste am Schluß des Abschnittes V D.

223. Auch in besonderen Fällen, die nicht in der Tabelle aufgeführt sind, kann das Oberkommando des Heeres in beschränktem Umfange Futterzulagen bewilligen, wenn es aus dienstlichen Rück-

sichten, z. B. nach Erlöschen von Seuchen, nach schweren innerlichen oder äußeren Erkrankungen vorübergehend notwendig wird. Die Genehmigung dieser vorübergehenden Futterzulagen wird nur auf ganz besondere Ausnahmefälle beschränkt. Schlechter Futterzustand der Pferde infolge von dienstlichen Anstrengungen reicht zur Begründung eines Antrages auf Bewilligung einer vorübergehenden Futterzulage nicht aus.

Anträge, die auf dem Dienstwege vorzulegen sind, müssen die Dauer der Verabreichung angeben, ihnen muß ein Gutachten des zuständigen Veterinäroffiziers beigefügt sein, außerdem eine Nachweisung, daß der Truppenteil die Zulagen nicht aus eigenen Mitteln bestreiten kann.

224. Es ist Pflicht der Truppe, mit den Futtersätzen und etwa gewährten Zulagen so zu wirtschaften, daß in Zeiten großer Anstrengungen der Pferde und Tragtiere mit Futterersparnissen der Truppe ein Ausgleich geschaffen werden kann. Auf die Nr. 8 des § 4 der (Verpfl.V.) H.Dv. 43 wird hingewiesen.

225. Zu dem im Futterteil S t r o h enthaltenen Streustroh wird für die ersten 4 Tage der Unterbringung ein Z u s c h u ß von 3250 g Stroh für Pferd und Tag gewährt, wenn die Stallungen längere Zeit unbenutzt gestanden haben und die Stallmatratze auf Anordnung eines Veterinäroffiziers oder nach Anhang II zur Heeresveterinärvorschrift — Seuchenvorschrift (H.Dv. 57) — vor Wiederbelegung entfernt werden mußte.

150

VI. Verwertung des Stalldüngers.

226. Wird der Stalldünger in Selbstbewirtschaftung des Truppenteils übernommen, so ist von jedem Reinerlös (Bruttoeinnahme nach Abzug der Umsatzsteuer, vergl. § 69 [2] der Reichshaushalts-Ordnung [R.H.O.]) für abgegebenen Dünger eine Hälfte von den Zahlmeisterverwaltungen der die Selbstbewirtschaftung ausübenden Truppen bei dem Titel „Vermischte Einnahmen" zu buchen, während die andere Hälfte den selbstbewirtschaftenden Stellen verbleibt. Diese Hälfte ist nach Nr. 244 der Wehrmacht-Verwaltungs-Vorschrift III (Wm.Verw.V. III) H.Dv. 320/3 im „S"-Buche unter einem besonderen Abschnitt „Düngererlöse" zu buchen.

227. Die selbstbewirtschaftenden Stellen haben dafür zu übernehmen:

a) Das Ausräumen der Düngerstätten. Die Umgebung der Düngerstätten und die Wege von den Ställen dahin sind stets sauber zu halten.

b) Das Instandhalten und Ersetzen der eigenen Futterwagen.

c) Verbesserungen der Einrichtungen der Ställe, Reithäuser, Reitplätze und Sprunggärten gegenüber der planmäßigen Ausstattung und Einrichtung.

Zur Verbesserung dieser Einrichtungen dürfen, wenn der Truppenteil den Stalldünger in Selbstbewirtschaftung übernommen hat, andere Erspar-nisse nicht herangezogen werden.

d) Futterzulage und andere Aufwendungen zum Besten der Pferde.

228. Andere Ausgaben dürfen für Rechnung der „S"=Mittel „Düngererlöse" nicht bestritten wer-den. Die selbstbewirtschaftenden Stellen sind ver-pflichtet, den anfallenden Stalldünger im Beneh-men mit der St.O.Verw. bestmöglich zu veräußern. Diese soll die besten Verkaufsgelegenheiten ermit-teln. Wird der Stalldünger gegen Futtermittel ge-tauscht, so ist das Tauschgeschäft in Kauf und Ver-kauf aufzulösen, ohne daß dies dem Vertragsgeg-ner gegenüber in Erscheinung zu treten braucht. Der Geldwert ist den Büchern in Einnahme und Ausgabe nachzuweisen und die Hälfte des Geld-wertes des Stalldüngers für Rechnung der Dün-gererlöse dem Titel „Vermischte Einnahmen" zuzu-führen. Dünger, den die Truppe selbst verwendet, z. B. zum Düngen von Weide, ist zu vergüten. Die Hälfte des Geldwertes ist dem Titel „Vermischte Einnahmen" zuzuführen.

229. Die Selbstbewirtschaftung des Stalldüngers obliegt dem Wirtschaftstruppenteil (Reiterregi-ment, Bataillon usw.). Die Selbstbewirtschaftung kann auch einzelnen Schwadronen, Batterien und Kompanien selbständig überlassen werden.

230. Der Bestand an „Düngererlösen" im „S"-Buche verbleibt den selbstbewirtschaftenden Stellen auch dann, wenn sie in eine andere Kaserne oder in einen anderen Standort verlegt werden. Für einzelne abgehende Teile eines Truppenteiles kann dem neuen Truppenteil ein entsprechender Betrag überwiesen werden. Beim Auflösen eines Truppenteils ist der Bestand der Düngererlöse nach Bestreitung aller restlichen Ausgaben dem Titel „Vermischte Einnahmen" zuzuführen. In diesem Falle sind die aus Düngererlösen beschafften Gegenstände unentgeltlich gegen Empfangsschein an die Verwaltung abzugeben und von ihr im Gerätbestandsbuch nachzuweisen.

231. Die in Nr. 226 bis 229 angeführten Bestimmungen sind nicht anzuwenden auf:

a) die Pferdeställe für übende Truppen auf Truppenübungsplätzen,

b) die zu den Dienst= und Mietwohnungen gehörenden Pferdeställe.

Im Falle a darf der anfallende Stalldünger zum Unterhalten und Verbessern der betr. Truppenübungsplätze in Natur verwendet werden. Wird er verkauft, so ist der Erlös bei den „S"=Mitteln der Kommandanturen zur Unterhaltung und Verbesserung der Truppenübungsplätze zu buchen. Den Truppen, deren Pferde länger als 1 Monat ununterbrochen in Lagerstallungen untergebracht waren, darf ein Betrag bis zu ½ dieser Düngererlöse ausgezahlt werden. Die Anteile sind nach der Gesamtzeit des Lageraufenthaltes zu ermitteln. Für Buchung und Verwendung dieser Anteilbeträge gelten die Bestimmungen in Nr. 226 bis 229.

Im Falle b ist die Düngerverwertung dem Wohnungsinhaber zu überlassen.

Abb. 1.

Oftpreuße.

Zuchtziel: Ein edles Reitpferd; Trockenheit, Beweglichkeit, Zähigkeit, großes Galoppiervermögen, Härte,
Ausdauer; edler Kopf; leichter langer Hals; hoher langer
Widerrift; kräftiger, elaftischer Rücken mit guter Sattellage; lange, breite Kruppe; geschloffene Nierenpartie;
tiefer, geräumiger Bruftkaften; gut gewölbte Rippen;
lange schräg gelagerte Schulter; 4 kräftige, wenn auch
nicht immer geradeftehende Beine; viel Schwung im
Gang.

Abb. 2.

Hannoveraner.

Zuchtziel: In seinem Äußeren ähnelt der Hannoveraner dem Ostpreußen, nur der Kopf ist etwas schwerer, die Kruppe ist etwas schräger gestellt. Der Hannoveraner hat im allgemeinen mehr Knochenstärke und Masse, dabei schwungvolle Gänge und hervorragendes Sprungtalent. Der Hannoveraner hat im allgemeinen viel ruhigeres, angenehmeres Temperament als der Ostpreuße.

Abb. 3.

Holsteiner.

Zuchtziel: Großes, wuchtiges, tiefes und breites Pferd mit gutem Rücken, kräftigen Gelenken, sehr schwungvollen Gängen, ruhig im Temperament, das typische leichte Zugpferd.

Abb. 4.

Oldenburger — Ostfriese.

Zuchtziel: Harmonischer Körperbau; tiefer und breiter Rumpf; gute Schulterlage; gute Rippen-wölbung; etwas weicher Rücken; breite, stark bemus-kelte Kruppe; Knochen und Gelenke kräftig und massig; kurzbeinig, dabei doch räumender Gang mit viel Schwung aus der Hinterhand; angenehmes Temperament.

Abb. 5.

Abb. 6.

Mecklenburger — Brandenburger — Pommer — Westfale.

Zuchtziel: Edles, starkes Warmblutpferd im Typ des Hannoveraners.

Abb. 7.

Abb. 8.

Abb. 9.

Abb. 10.

Bayern (Rottal).

Zuchtziel: Typ des Oldenburgers.

Abb. 11.

Saarpfalz.

Arabisch=hannoverscher Einschlag.
Geeignet als Reit= und l. Wagenpferd.

Abb. 12.

Württemberg.

Anglo=Normänner Grundlage.

Zuchtziel: Kräftig gebautes, mittelschweres, rumpfi=
ges Pferd mit gutem Rücken und räumenden Gängen.

166

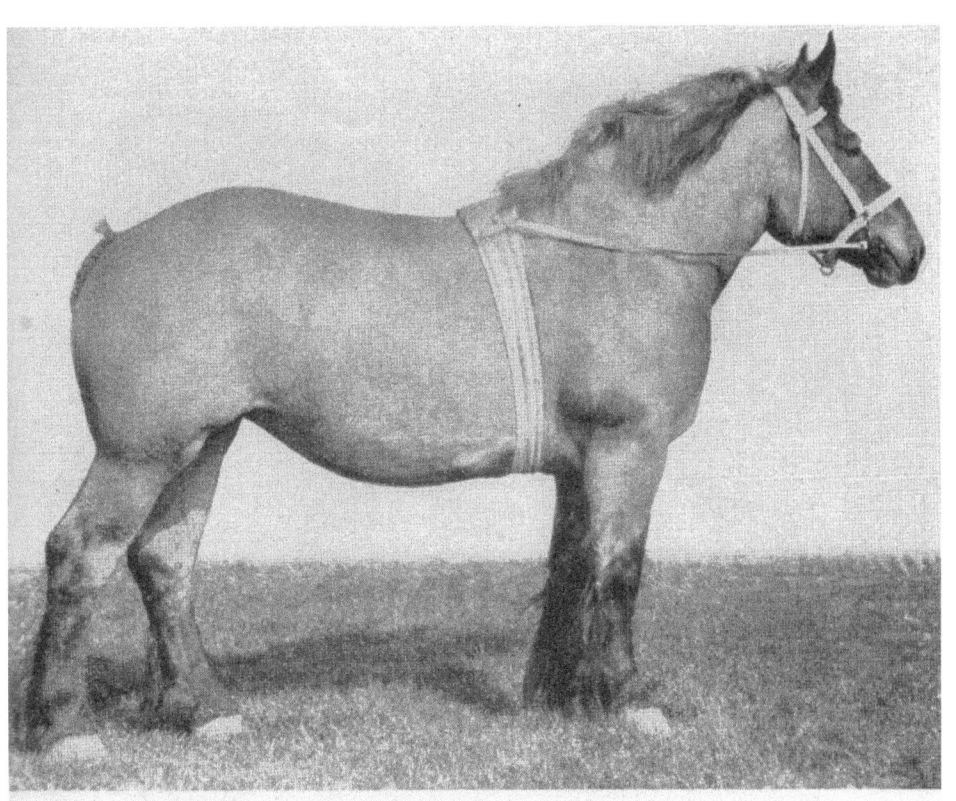

Abb. 13.

Rheinisches Kaltblut.

Zuchtziel: Schweres, williges Arbeitspferd mit kräftig gedrungenem Hals, breiter Brust, mächtiger Schulter, breitem Rücken, großer Kruppe; gut bemuskelter Vorarm, kurze, sehr kräftige Gliedmaßen, entsprechend schwere Hufe.

Abb. 14.

Schleswiger Kaltblut.

Zuchtziel: Kräftiges Arbeitspferd, gutmütig und arbeitsfreudig, mit Trabvermögen.

Abb. 15.

Oberländer.

Zuchtziel: Mittelschweres, knochenstarkes Wirtschafts=
pferd mit starker Rippenwölbung, guter Brusttiefe, freier
Schulter, genügend entwickeltem Widerrist, straffer
Rückenlinie, kräftig bemuskelter Hinterhand, langem
Schritt und raumgreifendem Trabvermögen.

Abb. 16.

Deutsches Kaltblut (aus Ostpreußen).

Zuchtziel: Schweres, knochenstarkes, hartes Zug=
leistungspferd auf rheinisch=deutscher Grundlage mit
großer Tiefe, breiter und guter Rippenwölbung, ge=
nügendem Trabvermögen.

I. Warmblutpferde.

A. Brände der Staatsgestüte.

Preußen.

Brand= zeichen	Gestüt
 Rechter Hinter= schenkel	**Preußisches Hauptgestüt Gradiß (Prov. Sachsen)** Für alle im Hauptgestüt gezogenen Pferde.
 Rechter Hinter= schenkel	**Preußisches Hauptgestüt Trakehnen** Seit 1787: Für alle im Hauptgestüt gezogenen Pferde.
 Rechter Hinter= schenkel	**Preußisches Hauptgestüt Neustadt a. d. Dosse** (Friedrich=Wilhelm=Gestüt) Seit 1788: Für alle im Hauptgestüt gezogenen Pferde.
 Rechter Hinter= schenkel	Außer Gebrauch! **Preußisches Hauptgestüt Beberbeck** 1875—1930: Für alle im Hauptgestüt gezogenen Pferde.

Brand-zeichen	Gestüt
\n\nRechter Hinter-schenkel	**Außer Gebrauch!**\nPreußisches Hauptgestüt Altefeld\n1921—1930:\nFür alle im Hauptgestüt gezogenen Pferde.\n\n## Bayern.
\n\nRechter Hinter-schenkel	Stammgestüt Achselschwang\nFür alle im Stammgestüt gezogenen Pferde.
\n\nRechter Hinter-schenkel	Stammgestüt Zweibrücken-Eichelscheid (Saar-Pfalz)\nFür alle über 3 Jahre alten im Stamm-gestüt gezogenen Pferde.\n\n## Württemberg.
\n\nRechter Hinter-schenkel	Württembergisches Haupt-gestüt Marbach a. L.\nSeit 1918:\nFür alle über 3 Jahre alten im Haupt-gestüt gezogenen Pferde.

Brand- zeichen	Verband
 *) Linke Halsseite **) Linker Hinter- schenkel	Ostpreußische Stutbuchge- gesellschaft für Warmblut Trakehner Abstammung e.V. (Verband ostpreußischer Warmblut- züchter). Hauptgeschäftsstelle: Königsberg i. Pr., Wallring 30. *) Als kleiner Halsbrand (links) für in das Hauptregister des Ostpreußischen Stutbuches aufgenommene Stuten. **) Als Schenkelbrand (hinten links) für die Nachzucht von Stuten des Haupt- registers und des Vorregisters I und eines anerkannten Warmblut- oder Voll- bluthengstes.
 *) Linke Halsseite **) Rechte Halsseite	*) Als kleiner Halsbrand (links) für in das Vorregister I des Ostpreußischen Stutbuches aufgenommene Stuten. **) Als kleiner Halsbrand (rechts) für in das Vorregister II des Ostpreußischen Stutbuches aufgenommene Stuten.
 *) Linker Hinter- schenkel	*) Als Schenkelbrand (hinten links) für die Nachzucht von Stuten des Vor- registers II und eines anerkannten Warmblut- oder Vollbluthengstes.

Brand=zeichen	Verband
 *) Linker Hinter= schenkel **) Linke Halsseite	Grenzmärkisches Pferde= stammbuch, Grenzmark=Stutbuchgesellschaft. Hauptgeschäftsstelle: Schneidemühl, Güterbahnhof 26/27 *) Als Schenkelbrand (hinten links) für die Nachzucht eingetragener Stuten von anerkannten Hengsten. **) Als Halsbrand (links) für in das Hauptregister aufgenommene Stuten.
 Linker Hinter= schenkel	Verband pommerscher Warm= blutzüchter e.B. Hauptgeschäftsstelle: Stettin, Kreckower Str. 42. Für die Nachzucht vom Stutbuch aner= kannten Warmbluthengsten und von Stutbuch= und Hilfsstutbuchstuten, deren Vater dem Zuchtziel des Ver= bandes entspricht.
✠ Rechte Halsseite	Für in das Pommersche Leistungsstut= buch eingetragene Stuten.
B Rechter Hinter= schenkel	Verband Brandenburgischer Warmblutzüchter Hauptgeschäftsstelle: Berlin NW. 40, Kronprinzenufer 5/6 Für Fohlen, die von Stutbuchstuten Abt. A und staatlichen oder ungekür= ten Warmbluthengsten stammen.

174

Brand-zeichen	Verband
Rechter Hinter-schenkel	Schlesisches Pferdestamm-buch e. V. Hauptgeschäftsstelle: Breslau 10, Matthiasplatz 5. Fohlenbrand für Staatsprämienstuten und die Nachzucht von Hauptstamm-buchstuten von Landbeschälern und anerkannten Hengsten.
Linker Hinter-schenkel	Verband Mecklenburgischer Warmblutzüchter. Hauptgeschäftsstelle: Güstrow, Wall, Haus der Landesbauernschaft. Für alle Nachkommen staatlicher oder ungekürter Privatbeschäler und ein-getragene Stuten.
Linker Hinter-schenkel	Verband der Züchter des Hol-steiner Pferdes. Hauptgeschäftsstelle: Elmshorn. Für alle ungekürten Stuten und deren Nachzucht, aufgenommen in das Ge-stütbuch des Verbandes der Züchter des Holsteiner Pferdes.
Linke Halsseite	Kontrollbrand für Fohlen, deren Mütter im Gestütbuch des Verbandes der Züchter des Holsteiner Pferdes ein-getragen sind.

Brand-zeichen	Verband
Ô Linker Hinter- schenkel	**Verband der Züchter des Oldenburger Pferdes.** Hauptgeschäftsstelle: Oldenburg, Pferde-markt 12. Für alle in das Stutbuch aufgenommenen Stuten und deren Nachzucht.
OF Linker Hinter- schenkel	**Ostfriesisches Stutbuch.** Hauptgeschäftsstelle: Norden. Für Fohlen mit nachgewiesener ost-friesischer Abstammung.
Ж Linker Hinter- schenkel	**Verband hannoverscher Warmblutzüchter E. V.** Hauptgeschäftsstelle: Hannover 1 M, Ferdinandstr. 52a. Stutbuchbrand für alle Nachkommen von Stutbuchstuten und staatlichen und anerkannten Warmbluthengsten.
 Linker Hinter- schenkel	Kontrollbrand für Fohlen mit blauen oder roten Fohlenscheinen der Land-gestüte, deren Mütter nicht in das Stutbuch eingetragen sind.

Brand=zeichen	Verband
 Linker Hinter= schenkel	**Außer Gebrauch!** Stutbuchbrand für alle Nachkommen von Stutbuchstuten, deren Väter vom hannoverschen Stutbuch anerkannt sind.
 Linke Sattellage	**Westfälisches Pferdestamm=buch E. V.** Hauptgeschäftsstelle: Münster i. W., Engelstr. 28. Für Fohlen, deren Mütter im Hauptstammbuch, Abt. A, eingetragen sind.
 Rechter Hinter= schenkel	**Sächsisches Pferdestammbuch E. V.** Hauptgeschäftsstelle: Dresden=A. 1, Christianstr. 27 I. Fohlenbrand für prämiierte Nachzucht von in Sachsen stehenden Hengsten.
 Rechte Halsseite	**Landesverband bayrischer Pferdezüchter E. V.** Hauptgeschäftsstelle: München 2 NW., Prinz=Ludwig=Str. 1. Für Fohlen von eingetragenen Stuten und eingetragenen Hengsten.

Brand- zeichen	Verband
R Rechte Halsseite	Für Fohlen von eingetragenen Stuten und Hengsten der Rottaler Zuchtrichtung in Niederbayern.
 Rechter Hinter- schenkel	**Württembergischer Pferde-zuchtverein.** Hauptgeschäftsstelle: Schwäb. Gmünd. Für alle in das Stutbuch eingetragenen Stuten sowie für alle Heeresremonten.
W Rechte Halsseite	Für alle Fohlen aus eingetragenen Stuten.
W Linke Halsseite	**Badisches Pferdestammbuch, Abt. Warmblut.** Hauptgeschäftsstelle: Karlsruhe, Beiertheimer Allee 16. Für Fohlen von in das Badische Pferdestammbuch, Abt. Warmblut, eingetragenen Hengsten und Stuten.

II. Kaltblutpferde.

Brand= zeichen	Verband
♔ **R** Linker Hinter- schenkel	Rheinisches Pferdestamm= buch. Hauptgeschäftsstelle: Bonn a. Rh., Endenicher Allee 60. Für Hauptstammbuchpferde des Rhei- nischen Pferdestammbuches (Stuten und Hengste mindestens dreijährig).
Linke Halsseite	Für Stammbuchpferde des Rheinischen Pferdestammbuches (Stuten und Hengste mindestens dreijährig).
Rechte Halsseite	Fohlenbrand.
(VSP) Rechter Hinter- schenkel	Verband Schleswiger Pferdezuchtvereine e. V. Hauptgeschäftsstelle: Kiel, Holsten= straße 106/108. Fohlenbrand.
🌿 Linke Halsseite	Ostpreußisches Stutbuch für schwere Arbeitspferde e. V. Hauptgeschäftsstelle: Königsberg, Schubertstr. 15. Für Fohlen von Hauptstutbuchstuten.

14*

Brand-zeichen	Verband
(K) Linke Halsseite	Für Fohlen von Stammbuch= und Vor=klaſſenſtuten.
Rechte Halsseite	**Landesverband bayeriſcher Pferdezüchter e. V.** Hauptgeſchäftsſtelle: München 2 NW., Prinz=Ludwig=Str. 1. Für Fohlen von eingetragenen Stuten des Pferdezuchtverbandes Oberbayern.
Rechte Halsseite	Für Fohlen von eingetragenen Stuten und eingetragenen Hengſten des Pferdezuchtverbandes Niederbayern.
Rechte Halsseite	Für Fohlen von eingetragenen Stuten und eingetragenen Hengſten des Pferdezuchtverbandes Schwaben.

Brand-zeichen	Verband
Rechte Halsseite	Für Fohlen von eingetragenen Stuten und eingetragenen Hengsten des Pferdezuchtverbandes Franken.
Rechter Hinter-schenkel	Schlesisches Pferdestamm-buch e. V. Hauptgeschäftsstelle: Breslau 10, Matthiasplatz 5. Fohlenbrand für Staatsprämienstuten und die Nachzucht von Hauptstamm-buchstuten von Landbeschälern und anerkannten Hengsten.
Linke Sattellage	Westfälisches Pferdestamm-buch e. V. Hauptgeschäftsstelle: Münster i. W., Engelstr. 28. Für Fohlen, deren Mütter im Haupt-stammbuch oder im Stammbuch ein-getragen sind.

Weitere Brandzeichen enthält das vom Reichs-verband für Zucht und Prüfung deutschen Warm-bluts herausgegebene Heft:

„Die Brandzeichen in der Deutschen Pferdezucht", bearbeitet von Dr. C. Geuer.

181

Merkblatt über die Räude des Pferdes.

Die Räude ist eine ansteckende, durch Räudemilben verursachte Hautkrankheit, die durch rasche seuchenhafte Verbreitung unter den Truppenpferden großen Schaden anrichtet und die Marschfähigkeit berittener und fahrender Truppen schwer beeinträchtigen und sogar monatelang ganz aufheben kann.

Die Räudemilben.
(Ursache der Räude.)

Alleinige Ursache der Räude sind die verschiedenen Arten der Räudemilben, die entweder unmittelbar von Pferd auf Pferd übergehen oder durch Zwischenträger (Putzzeug, Streu, Ställe, Decken, Halfter, Geschirr- und Sattelzeug, Wartepersonal) verschleppt werden.

Die Räudemilben sind kleine, meist nur mit Vergrößerungsglas erkennbare (¼—½ mm große) Schmarotzertierchen (Parasiten).

Die Räudemilben vermehren sich ungemein rasch. Ihre Eier entwickeln sich in 3 Tagen zu Larven, die sich häuten und als Milben in etwa 12 Tagen fortpflanzungsfähig werden. Vom Augenblick der Übertragung von Milben auf ein Pferd bis zum Heranwachsen der ersten jungen Milben vergehen also etwa 14 Tage. Darum tritt im allgemeinen in dieser Zeit nach der Ansteckung die Räude deutlich hervor. Wenn die Räude nicht bekämpft wird, können sich in 3 Monaten aus einer Milbe mehrere Millionen entwickeln.

Bei Temperaturen unter 7° C bleiben die Milben unbeweglich liegen. Bei wärmeren Temperaturen wandert die Milbe recht lebhaft, etwa 1 mm in der Sekunde, also möglicherweise 3½ m in der Stunde. Es können Milben daher auch entfernt stehende Pferde erreichen, ebenso können sie die durch Desinfektion schwer zu fassenden Fugen der Holzställe aufsuchen.

Außerhalb des Pferdekörpers gehen die Milben in etwa 3 Wochen zugrunde. In Ställen, die mindestens 4 Wochen nicht mit Pferden belegt waren, sind also alle Milben tot; es besteht keine Räudegefahr.

Die Grabmilben des Pferdes gehen auch auf den Menschen über, besonders auf die Arme. Sie erzeugen dort einen juckenden, meist leicht heilbaren Ausschlag. In solchen Fällen ist sofortige Meldung an den Sanitätsoffizier erforderlich, der auch vom Ausbruch der Pferderäude im Truppenteil Kenntnis erhalten muß.

Feststellung und Meldung.

Die frühzeitige Feststellung der ersten Räudeerscheinungen ist von großem praktischen Wert, damit sofortige Maßnahmen getroffen werden können, ehe Ansteckung anderer Pferde und Verseuchung des Stalles erfolgt. Je früher die Räude erkannt wird, desto leichter ist sie bekämpft. Die ersten Erscheinungen sind oft nur geringgradig und werden

vielfach übersehen, unterschätzt oder anderen Ur=
sachen zugeschrieben. Dies ist jedoch gerade bei
dieser Erkrankung verhängnisvoll und kann zur
raschen Verräudung des Pferdebestandes führen.

Führer, Unteroffiziere und Mannschaften müssen
den Veterinäroffizier bei der ersten Feststellung
unterstützen.

Die Erscheinungen sind bei allen Räudearten die
gleichen, nur mit dem Unterschied, daß die ersten
Krankheitserscheinungen bei einer Räudeart zuerst
am Kopf, am Hals, in der Kumt= und Sattellage
auftreten, während bei der anderen Art die räu=
digen Veränderungen zuerst am Mähnenansatz, im
Kehlgang, an den inneren Schenkelflächen und am
Schweifansatz sichtbar werden.

Erste Krankheitsäußerung ist Juckreiz, der am
frühesten im warmen Stall festzustellen ist und des=
halb dem Soldaten beim eigenen Pferd zuerst auf=
fallen soll. Das lästige Jucken bleibt im ganzen
Krankheitsverlauf die vorherrschende Krankheits=
äußerung. Die Pferde scheuern die befallenen Haut=
stellen, beißen und benagen sich, machen nickende
Kopfbewegungen und zittern mit den Lippen.
Reibt man die Tiere an den verdächtigen oder er=
krankten Hautstellen, so drücken sie gegen die Hand,
krümmen den Rücken, flehmen mit den Lippen.

Auffallend starker Juckreiz ist immer verdächtig,
besonders aber in Formationen, in denen Räude
herrscht.

Pferde mit Läusen zeigen auch Juckgefühl und
infolge des Scheuerns öfter haarlose Stellen und
Hautentzündung, besonders an der Schweifgegend,

am Rücken und Hals. Läuse und deren Eier (Nisse), die am Haar nahe der Haut festkleben, sind leicht nachzuweisen. Zu beachten ist aber, daß neben den Läusen auch gleichzeitig Räude auftreten kann. Auftreten von Juckreiz bei Pferden muß sofort den militärischen Vorgesetzten und den Veterinär= offizieren gemeldet werden.

An Kopf, Hals, Mähnengrund, vor und hinter den Schultern, Flanken usw. bilden sich rasch kleine Knötchen, die sich mit zunächst leichten Schorfen be= decken; durch Haarausfall kommt es zu kleinen und größeren kahlen Hautstellen. Im weiteren Verlauf der Erkrankung kommt es zu Abschuppung der Haut, ferner auf den kahlen Hautstellen zu Krusten= und Borkenbildung. Zeigt die Haut erst größere Krusten= und Borkenbildung, so ist meist schon das ganze Pferd mit Räudemilben bedeckt. Gleichzeitig magern die Pferde rasch ab, werden hinfällig und können schließlich unter qualvoll gesteigertem Juckgefühl an Entkräftung zugrunde gehen.

Bestehen räudeverdächtige Erscheinungen bei einem Pferde, so ist nach Anordnung der Vor= gesetzten das sofortige Absondern des Pferdes mit allen Ausrüstungsstücken und Putzzeug erforderlich. Das Pferd ist sogleich dem Veterinäroffizier vor= zuführen.

Wird die Räude in einem Pferdebestande nicht frühzeitig erkannt und energisch bekämpft, so breitet sie sich leicht über den ganzen Pferdebestand aus und macht die Truppe schließlich durch Entkräftung der kranken Tiere marschunfähig. Verräudete Pferde bilden eine große Gefahr für alle übrigen

gesunden Pferdebestände, indem sie die Seuche ver=
schleppen und namentlich auch die bezogenen Ställe
verseuchen.

Werden bei einer Truppe schwerräudekranke
Pferde oder eine größere Anzahl mittel= oder leicht=
räudekranker Pferde gefunden, so liegt stets ein
Verschulden einer Dienststelle vor. Ist die Räude
oder der Räudeverdacht erstmalig festgestellt, so ist
umgehend auf dem militärischen und veterinären
Dienstwege die Meldung weiterzureichen.

Vorbeuge.

Die Vorbeuge ist bei Räude der wichtigste Teil
der Seuchenbekämpfung.

Am häufigsten erfolgt die Einschleppung durch
ein eingestelltes, schwachräudekrankes Pferd oder
durch Beziehen räudeverseuchter Ställe.

Die Truppe schützt sich hiergegen durch etwa vier=
wöchiges Absondern a l l e r neu eingestellten, auch
der aus Pferdedepots, Pferdelazaretten oder an=
deren Truppenteilen kommenden Pferde sowie der
Ersatzpferde aus der Heimat und der längere Zeit
abkommandiert gewesenen eigenen Pferde. Beson=
dere Vorsicht ist bei Einstellen von Beutepferden
und Ankaufspferden unbekannter Herkunft ge=
boten.

Ställe und Gehöfte, in denen räudekranke Trup=
penpferde stehen, sind außen mit der auffällig
sichtbaren Aufschrift „Räude" zu versehen, und beim
Verlassen und Aufgeben der Ställe ist unter die
Aufschrift das Datum des Abmarsches oder Auf=
gebens zu setzen. In solche Ställe dürfen andere

Truppenpferde mindestens vier Wochen lang nicht eingestellt werden. Jede Berührung von Pferden mit fremden und besonders mit Zivilpferden ist zu vermeiden.

Bei der großen Verbreitung, die die Räude im Kriege annehmen kann, liegt bei jedem Pferdestall der Verdacht vor, daß er verräudet ist. Jeder Soldat soll deshalb das Einstellen seines Pferdes in fremde Pferdestallungen möglichst vermeiden. Eine marschierende Truppe bezieht daher im Sommer mit den Pferden möglichst ausgedehnt Biwak oder bringt die Pferde im Ort oder Gehöft im Freien unter. Werden die Pferde der Witterung wegen untergestellt, so sind mit Pferden bisher noch nicht belegt gewesene Bauten (Scheunen usw.) zu benutzen; müssen Pferdeställe bezogen werden, so sind sie durch Streuentfernung, Stallreinigung, Krippenausscheuern oder -entfernen nach Möglichkeit zu säubern und zu desinfizieren. Im Stellungskrieg ist Neubau von Pferdebaracken am ratsamsten.

An Orten mit starkem Durchgangsverkehr (Eisenbahnstationen, Proviantorten) halten im Felde die Militärbehörden Ställe zur Aufnahme vorübergehend unterzustellender Pferde der Truppen bereit und sorgen für regelmäßige Desinfektion; andere Ställe sind hier im Durchgangsverkehr nicht zu beziehen.

Jedes Verwenden von Decken, Geschirren, Putzzeugen fremder Pferde kann zur Räudeeinschleppung führen und ist deshalb zu unterlassen, bis die Gegenstände einwandfrei desinfiziert sind.

Putzzeuge und dergleichen sind sicher zu zeichnen und nur bei bestimmten Pferden oder Gespannen

zu benutzen; kein Putzen zahlreicher Pferde durch
ein und dasselbe Putzzeug! Nötigenfalls erfolgt be=
helfsweises Reinigen jedes Pferdes mit besonde=
rem Strohwisch, Moos, Heidekraut und dergleichen
und Verbrennen der Behelfsmittel oder im Som=
mer Abschwemmen der Pferde. Geputzt wird mög=
lichst im Freien.

Unterdrückungsmaßnahmen.

Ist die Räude in einem Pferdebestand aufgetre=
ten, so muß die Weiterverbreitung mit allen Mit=
teln verhütet werden. Die erforderlichen Maßnah=
men erfolgen auf Vorschlag des Veterinäroffiziers.
Nur durch sorgfältige und zähe Ausführung aller
angeordneten Maßnahmen ist bei der mühseligen
Räudeunterdrückung baldiger Erfolg gesichert.

In der Sommerzeit muß mit Nachdruck versucht
werden, die Seuche bis zum Eintritt der kälteren
Jahreszeit zu tilgen, da die Unterdrückung im
Winter ungleich schwerer durchzuführen ist.

Die wichtigsten Unterdrückungsmaßnahmen sind:

Sofortige Absonderung aller kranken Pferde mit
gesamter Ausrüstung und den Pflegern. Geschirr=
stücke der kranken und verdächtigen Pferde sind
nicht für gesunde Pferde zu benutzen.

Abschub aller kranken Pferde in Pferdelazarette.

Strenge Absonderung verdächtiger Pferde.

Beobachtung der ansteckungsverdächtigen Pferde.

Putzverbot bei allen, auch bei den anscheinend
gesunden Pferden des Stalles oder der Formation,
wenn Putzen des einzelnen Pferdes (oder Gespan=

nes) mit besonderem gekennzeichnetem Putzzeug nicht sichergestellt erscheint.

Behelfsmäßige Reinigung der Pferde mit Stroh, Holzwolle und dergl., Behelfsmittel sind nach Gebrauch bei e i n e m Pferd zu vernichten.

Häufige (womöglich alle 7 Tage) stattfindende Pferdebesichtigungen.

Ist Abschub der kranken Pferde in Pferdelazarette nicht möglich, dann Errichtung von Räudestationen an geeigneten Orten unter Leitung von Veterinäroffizieren.

Beste Stalldesinfektion: Leerstehenlassen der Stallungen mindestens 4 Wochen lang nach gründlicher Reinigung und im Sommer mindestens ebensolanges Biwakieren der verseuchten Formationen, gründliche Reinigung und Desinfektion des Stalles, sämtlicher Geschirrteile und Ausrüstungsstücke nach Weisung des Veterinäroffizieres.

Entfernen und Vergraben oder Verbrennen der Streu.

Vermeiden des Umstellens gesunder Pferde.

Zur erfolgreichen Räudebekämpfung gehört gute Pferdepflege. Auf gut genährten Pferden halten sich die Räudemilben weniger als auf heruntergekommenen Tieren. Die Hautpflege ist durch gelegentliches Schwemmen, Baden, Brausen zu unterstützen.

Räudekranke Pferde sind bis zur Heilung außer Dienst zu lassen. Müssen leichträudekranke Pferde, z. B. auf dem Vormarsch, im Dienst verwendet werden, so sind sie nur unter sich zu gebrauchen.

Die Heilung der räudekranken Pferde erfolgt am raschesten und sichersten in gut eingerichteten Pferdelazaretten; Heilversuche in der Truppe gefährden die Truppe durch Anstecken des übrigen Pferdebestandes, sie dürfen nur vorgenommen werden, wenn die Abgabe der erkrankten Pferde an Pferdelazarette unmöglich ist.

Die erfolgte Heilung der Räudeerkrankung ist schwer mit Sicherheit festzustellen. Es empfiehlt sich daher dringend, anscheinend geheilte Pferde bei der Truppe zusammenzustellen und mindestens 4 Wochen lang in Beobachtung zu halten.

Die als geheilt an die Formationen abgegebenen Pferde sollen zuverlässige Pfleger, gute Ernährung und ordentliche Stallungen mit ausreichender Streu erhalten. Rasche Erholung und baldige Leistungsfähigkeit werden bei diesen Pferden die aufgewandte Mühe lohnen.

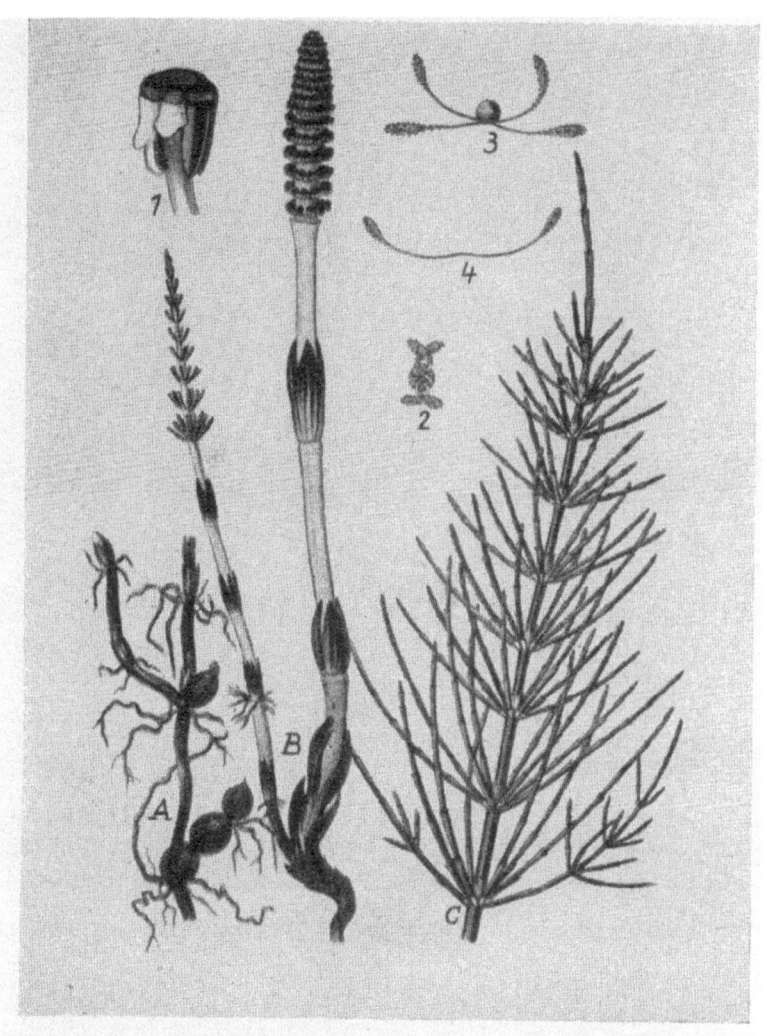

A Stück des Wurzelstockes mit Knollen; B fruchtbare Pflanze;
C Teil der unfruchtbaren Pflanze; 1 Fruchtblatt; 2 Spore mit der
in schraubige Elateren (Schleuderzellen) gespaltenen Haut; 3 Spore
mit ausgebreiteten Elateren; 4 Elateren ohne Spore. 1 bis 4
vergrößert.

Abb. 1. Acker=Schachtelhalm (Equisétum arvénse L.).

Standort: Auf trockenen, sandigen Wiesen.

Kennzeichen: Fruchttragende Stengel astlos, meist bleich oder
bräunlich, früher als die unfruchtbaren erscheinend; unfruchtbare
Stengel grünästig, vierkantig.

Oberer Teil des fruchtenden Stengels.

Abb. 2. Sumpf=Schachtelhalm (Equisétum palustre L.).

Standort: Auf sumpfigen und torfigen Wiesen.

Kennzeichen: Stengel einfach ästig, graugrün gefurcht, etwas rauh.

194

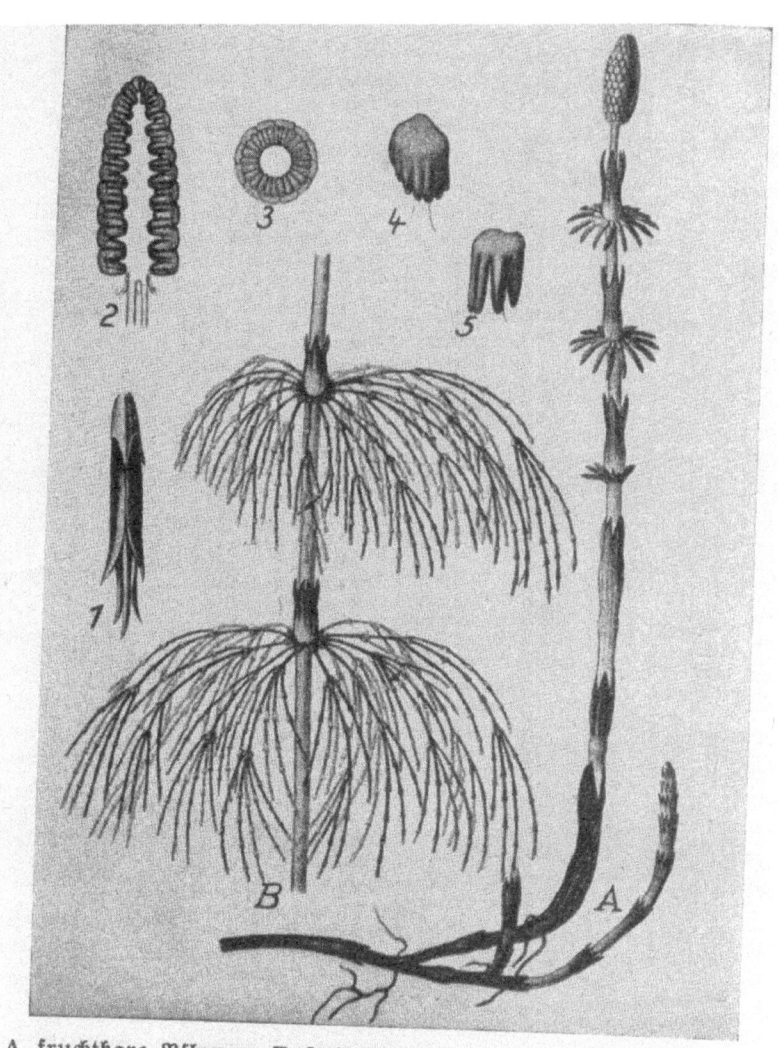

A fruchtbare Pflanze; B Teil der unfruchtbaren Pflanze; 1 Ast=
spitze; 2. u. 3 Längs= und Querschnitt durch den Fruchtstand;
4 u. 5 Sporangien tragende, schildförmige Blätter. 1 bis 5 ver=
größert.

Abb. 3. Wald=Schachtelhalm (Equisétum silváticum L.).

Standort: Auf feuchten Waldwiesen.

Kennzeichen: Fruchttragende Stengel anfangs astlos, später ästig.
Äste verzweigt, hängend, quirlig, vierkantig. Zweige dreikantig.

15*

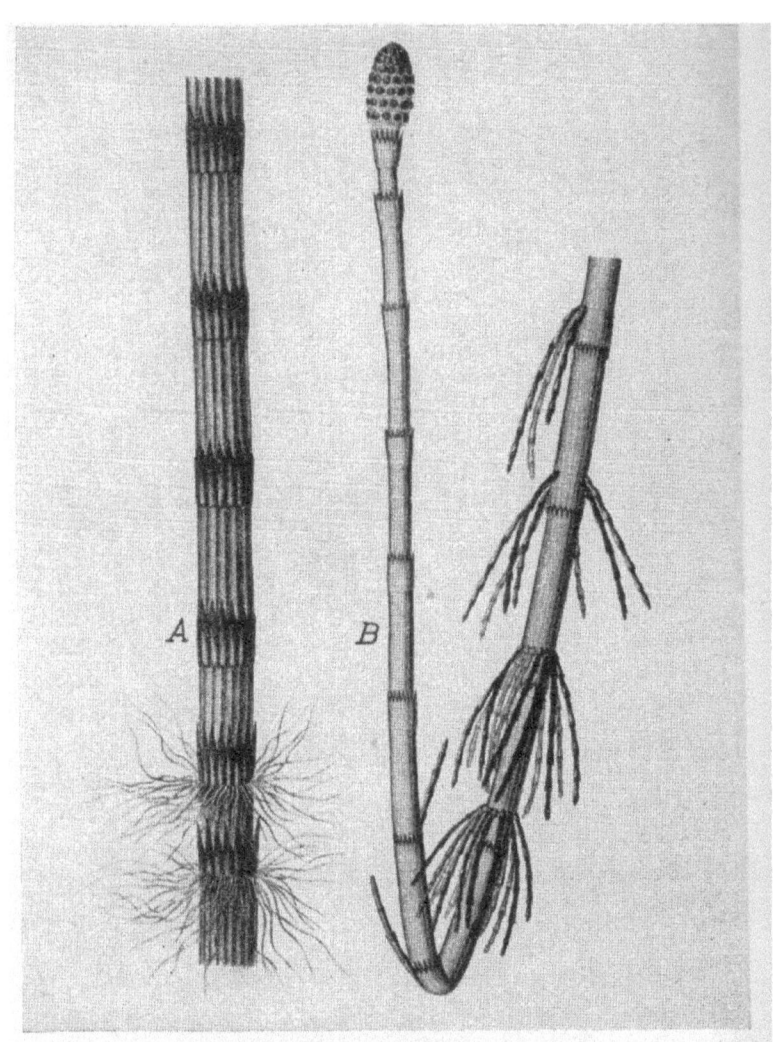

A Stengelſtück, nat. Größe; B fruchtender Stengel eines kleinen
Exemplars.

Abb. 4. Teich=Schachtelhalm (Equisétum limósum L.).
Schlamm=Schachtelhalm.

Standort: Auf ſumpfigen Wieſen, an Teichen.

Kennzeichen: Stengel ziemlich dick, graugrün, einfach oder nur
oberwärts äſtig, geſtreift, glatt.

196

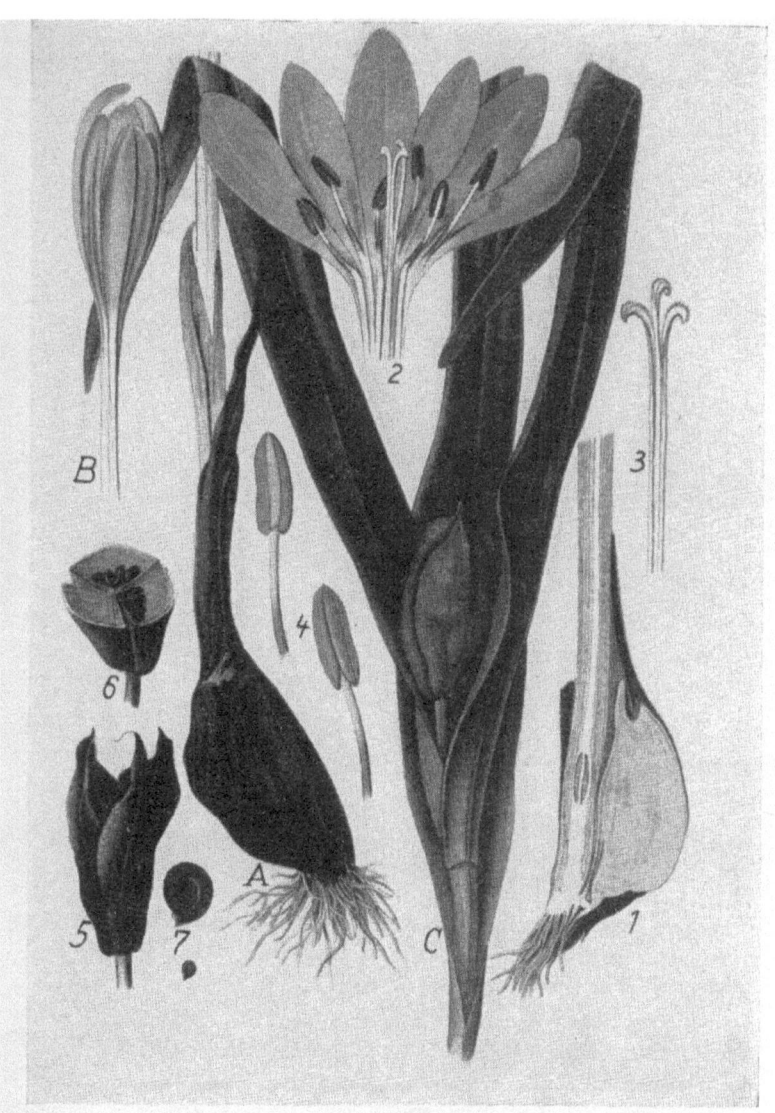

A, B blüh. Pfl. (Blüte geschl.); C ob. Teil der Frucht. Pfl.;
1 Knolle u. Grund ei. blütentrag. Steng. im Längsschnitt; 2 aus-
einandergel. Bl.; 3 ob. Teil d. Griff. m. d. 3 Narben; 4 Staubgefäße; 5 aufgespr. Fruchtt.; 6 dies. i. Querschn.; 7 Same. 3 u. 4
vergr., 7 nat. Gr. u. vergr.

Abb. 5. Herbstzeitlose (Cólchicum autumnále L.).

Standort: Auf feuchten und trockenen Wiesen.

Kennzeichen: Liliengewächs. Blüten lilarosa, bläulichrot, groß, einzeln oder zu zweien. Blätter breitlanzettlich.

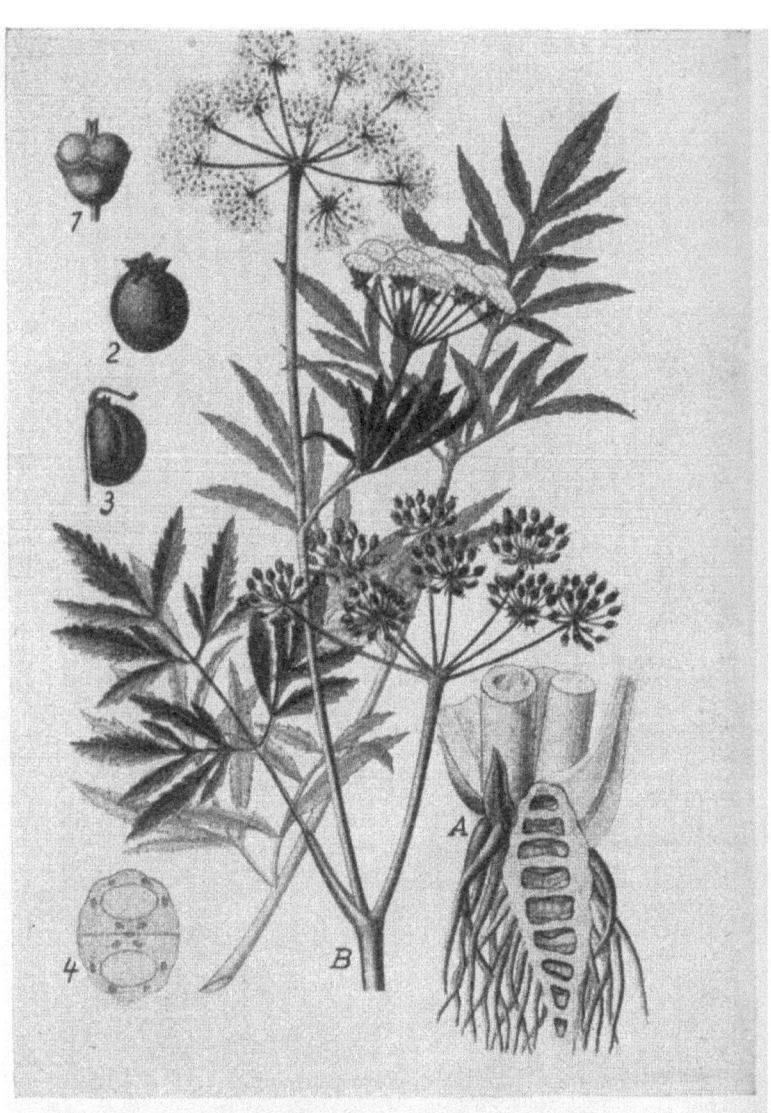

A Wurzelstock im Längsschnitt; B Teile der Pflanze; 1 Fruchtknoten; 2 u. 3 Teilfrüchtchen von verschiedenen Seiten; 4 Frucht-
querschnitt. 1 bis 4 vergrößert.

Abb. 6. Giftiger Wasserschierling (Cicúta virósa L.).

Standort: In Gräben, an Teichen, Flußufern, auch auf Torfboden.
Kennzeichen: Doldenblütler. Blätter dreifach gefiedert mit scharf gesägten, lanzettlichen, spitzen Blättern. Krone weiß.

198

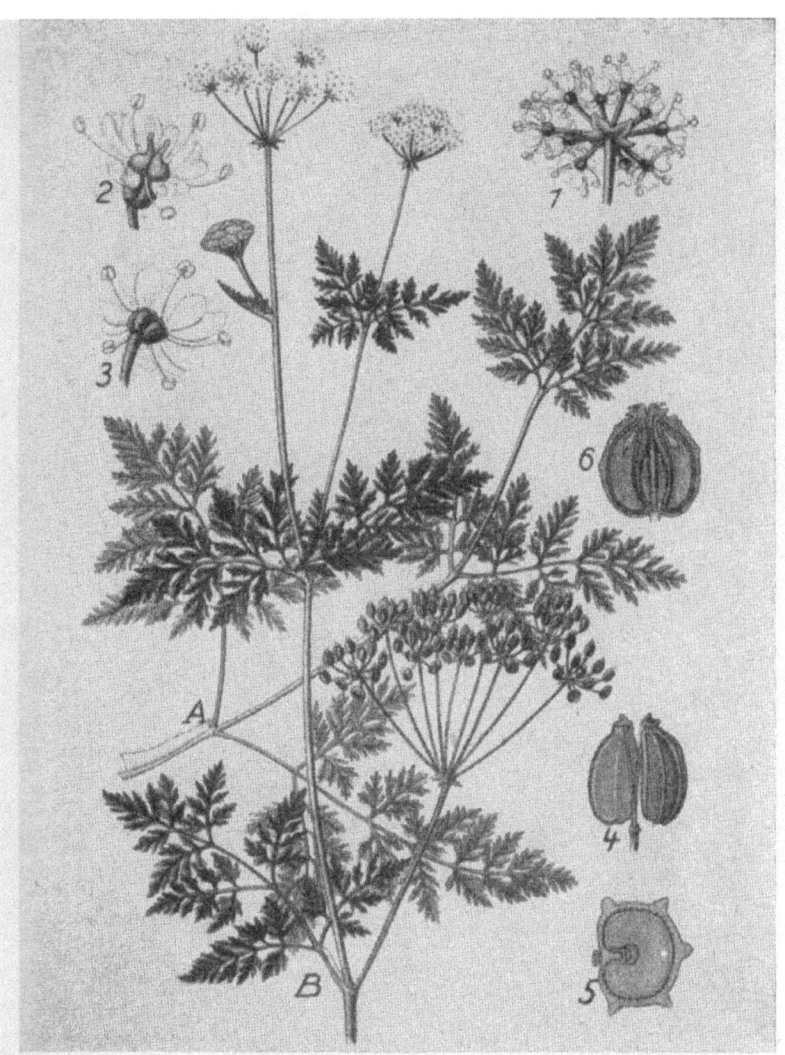

A Basaltblatt; B oberer Teil der Pflanze; 1 Blütendöldchen mit dem Hüllchen; 2 u. 3 Blüten von verschiedenen Seiten; 4 Fruchtträger mit den Teilfrüchtchen; 5 Querschnitt eines Teilfrüchtchens; 6 Frucht im Längsschnitt. 1 bis 6 vergrößert.

Abb. 7. Gefleckter Schierling (Conium maculátum L.).

Standort: Sehr selten auf Wiesen, mehr an Hecken, Gräben und Zäunen.

Kennzeichen: Doldenblütler, Stengel schwach gefurcht, am Grunde braunrot gefleckt. Untere Blätter dreifach gefiedert, glänzend, mit stielrunden, hohen Blattstielen, Blättchen tief fiederspaltig mit gesägten, stachelspitzigen Zipfelchen. Krone weiß.

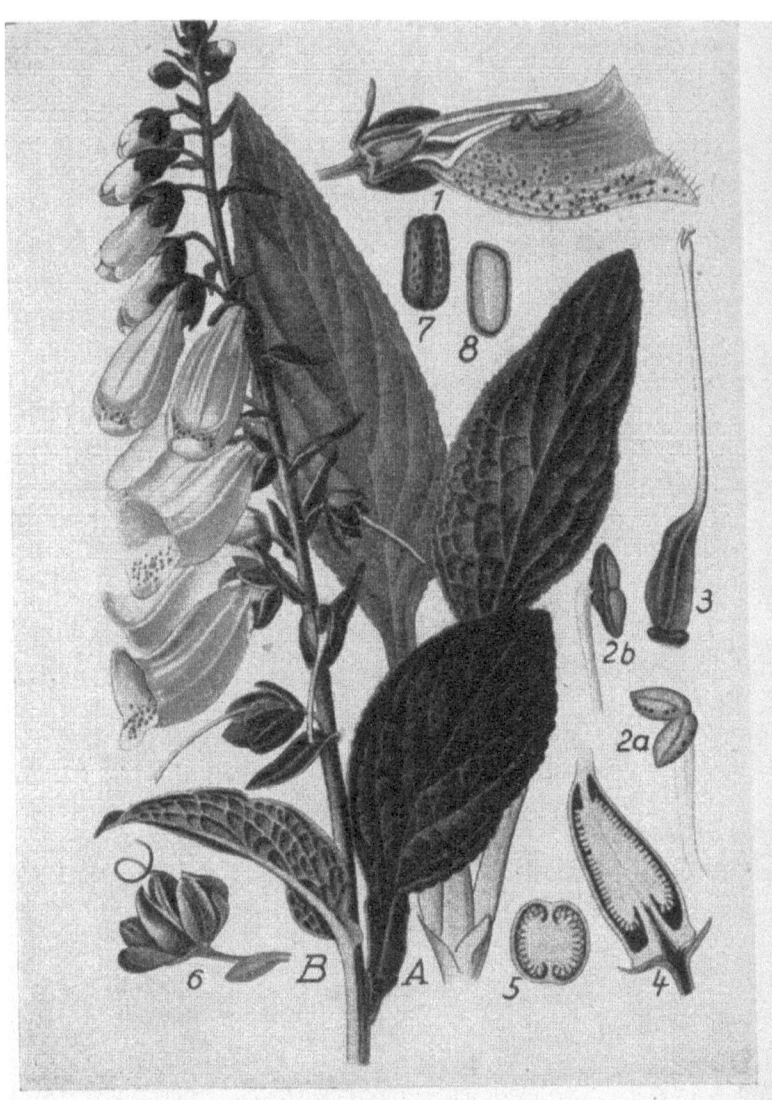

A, B Teile der blühenden Pflanze; 1 Blüte im Längsschnitt;
2 Staubbl. (a jung, b älteres); 3 Stempel; 4 und 5 Fruchtknoten
im Längs= und Querschnitt; 6 aufgesprungene Kapsel; 7 Same;
8 derselbe im Längsschnitt, 2 bis 5, 7 u. 8 vergrößert.

Abb. 8. Roter Fingerhut (Digitális purpúrea L.).

Standort: Auf Bergwaldwiesen. Häufig im Rheingebiet, auf dem
Thüringer Wald und Harz, in Hannover und Sachsen.
Kennzeichen: Rachenblütler. Stengel behaart. Blätter eilanzettlich,
gekerbt, unterseits mit Blütenstielen filzig. Krone glockig, hell-
purpurn mit dunkleren, weißberandeten Punkten, selten weiß.

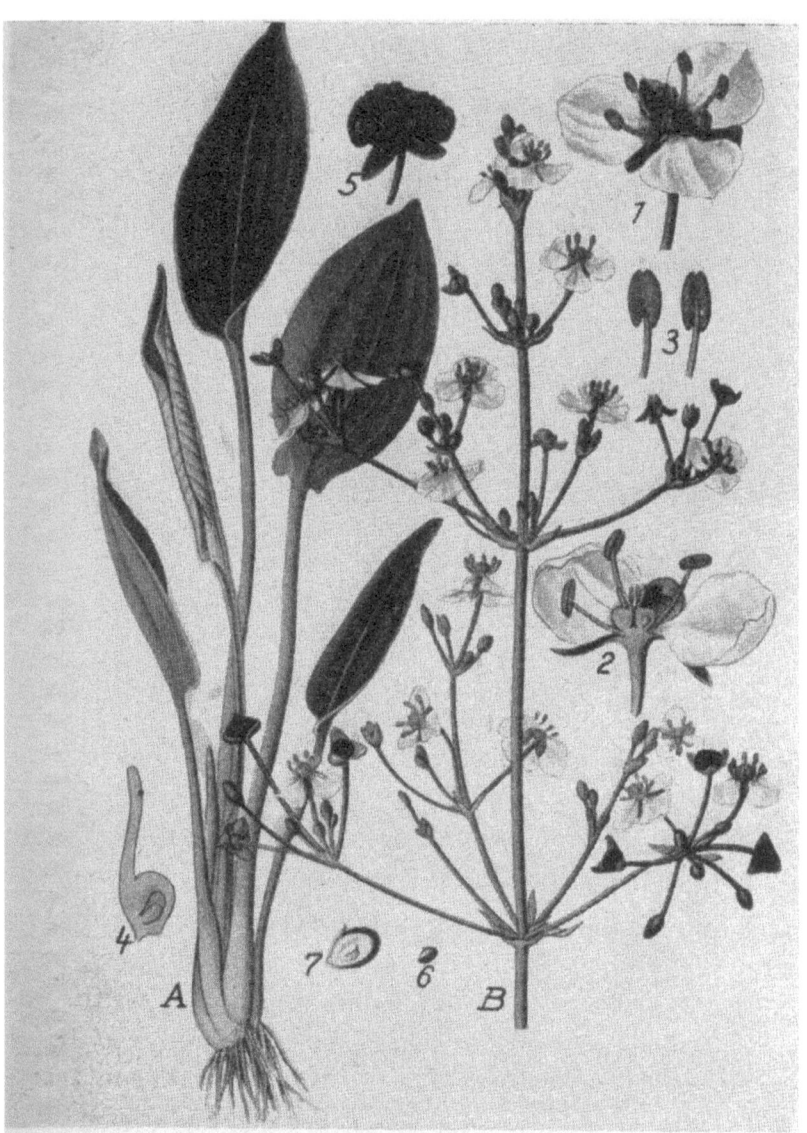

A, B blühende Pflanze; 1 Blüte; 2 dieselbe im Längsschnitt;
3 Staubgefäße; 4 Stempel im Längsschnitt; 5 Fruchtköpfchen; 6 u. 7
Same, ganz und zerschnitten. 1 bis 5 u. 7 vergrößert.

Abb. 9. Gemeiner Froschlöffel (Alisma Plantágo L.).

Standort: An Gräben, auf feuchten Wiesen.
Kennzeichen: Blätter langgestielt, eiförmig spitz, Rispe hoch, aus=
gebreitet. Blüten langgestielt, weiß= oder rötlich. Früchtchen zahl=
reich in einen Kreis gestellt.

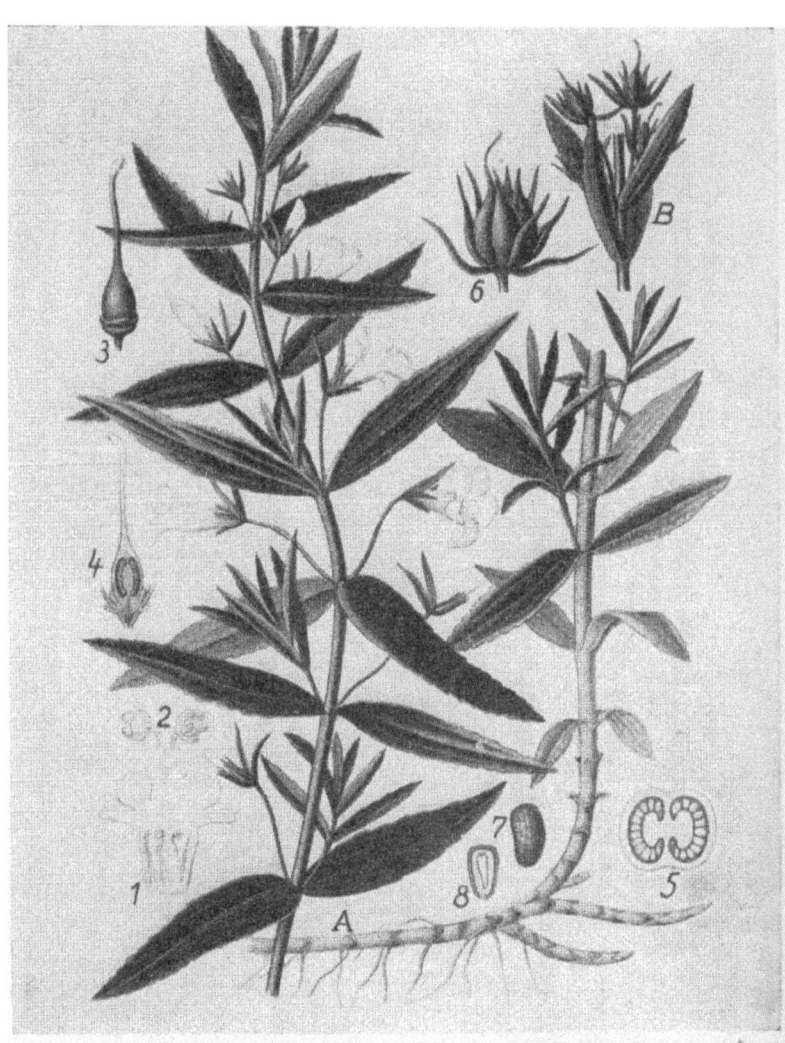

A blühende Pflanze; B Fruchtzweig; 1 aufgeschnittene Blumen=
krone; 2 fruchtbare Staubgefäße; 3 Stempel; 4 derselbe im Längs=
schnitt; 5 Fruchtknoten im Querschnitt; 6 aufgesprungene Kapsel;
7 Same; 8 derselbe im Längsschnitt, 1 bis 8 vergrößert.

Abb. 10. Gebräuchliches Gnadenkraut
Gottesgnadenkraut. (Gratiola officinális L.).

Standort: Auf feuchten Wiesen, an Gräben und Ufern.
Kennzeichen: Rachenblütler. Stengel oberwärts vierkantig, Blätter
gegenständig, sitzend, lanzettlich, klein gesägt. Blüten langgestielt,
einzeln blattwinkelständig. Krone weiß oder rötlich überlaufen.

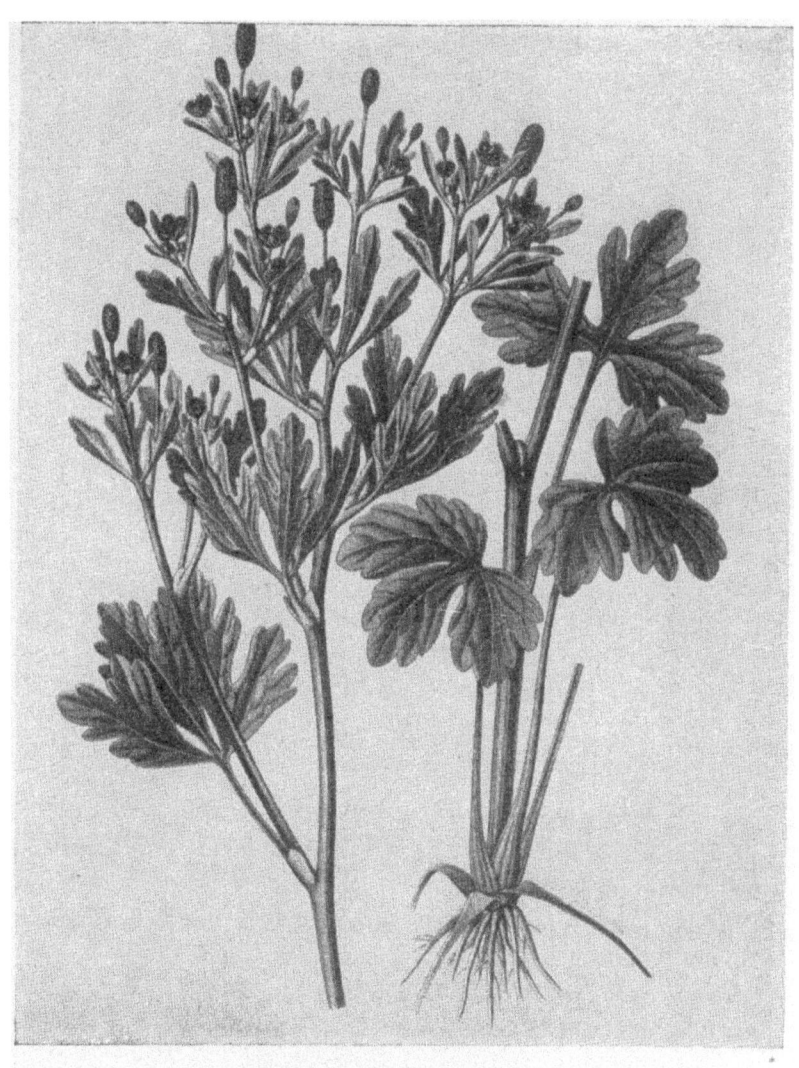

Abb. 11. Gift=Hahnenfuß (Ranúnculus sclerátus L.).

Standort: Auf feuchten Wiesen.

Kennzeichen: Blätter fleischig. Stengel angedrückt, behaart. Obere Blätter dreiteilig, untere handförmig geteilt. Blattstiele weich= haarig. Blüten groß, goldgelb.

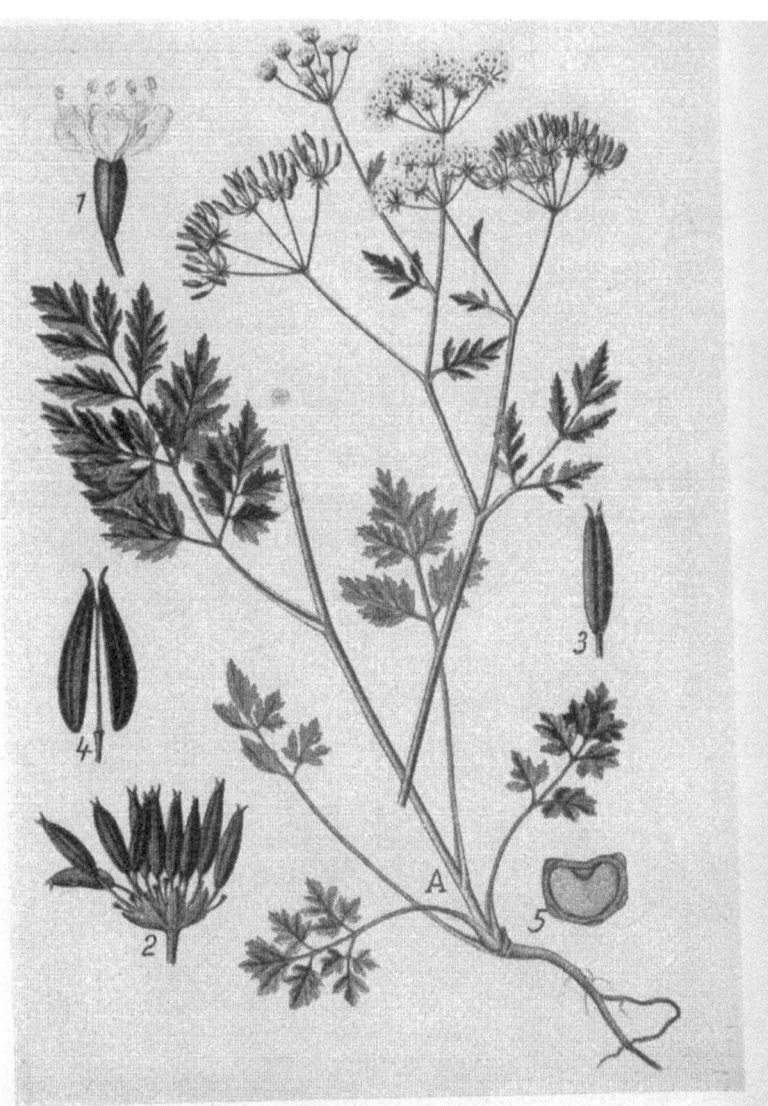

A blühende Pflanze; 1 Blüte; 2 Fruchtdolde; 3 unreife Frucht; 4 Fruchtträger mit Teilfrucht; 5 Teilfrucht im Querschnitt. 1 bis 5 vergrößert.

Abb. 12. Betäubender Kälberkropf (Chaerophýllum témulum L.).

Standort: Auf feuchten, auch schattigen Wiesen.

Kennzeichen: Doldenblütler. Stengel hohl, meist rot gefleckt, kurz= haarig. Blätter doppelt gefiedert. Fiedern mit stumpfen, kurz= stachelspitzigen Zipfeln. Krone weiß.

A, B Teile der blühenden Pflanze; 1 Blüte im Längsschnitt;
2 Staubgefäß; 3 Stempel; 4 junge Frucht im Querschnitt; 5 Same.
1 bis 5 vergrößert.

Abb. 13. Weißer Germer. Nieswurz (Verátrum álbum L.).

Standort: Auf feuchten Wiesen der Gebirge und Hochebenen.

Kennzeichen: Liliengewächs, Blätter groß, elliptisch, längsfaltig,
unterseits weichhaarig. Weißliche rispige Blütentrauben. Abart mit
innen hellgrüner Blüte.

A blühende Pflanze; 1 Staubgefäße; 2 Stempel mit Staubgefäßen;
3 Fruchtblätter (Carpelle); 4 die reifen Kapseln; 5 aufgesprungene Kapsel. 1 bis 3 vergrößert.

Abb. 14. Dotterblume (Cáltha palústris L.).

Standort: Feuchte Wiesen.

Kennzeichen: Hahnenfußgewächs. Blätter herzförmig, kreisrund,
fein gefärbt. Kelch goldgelb.

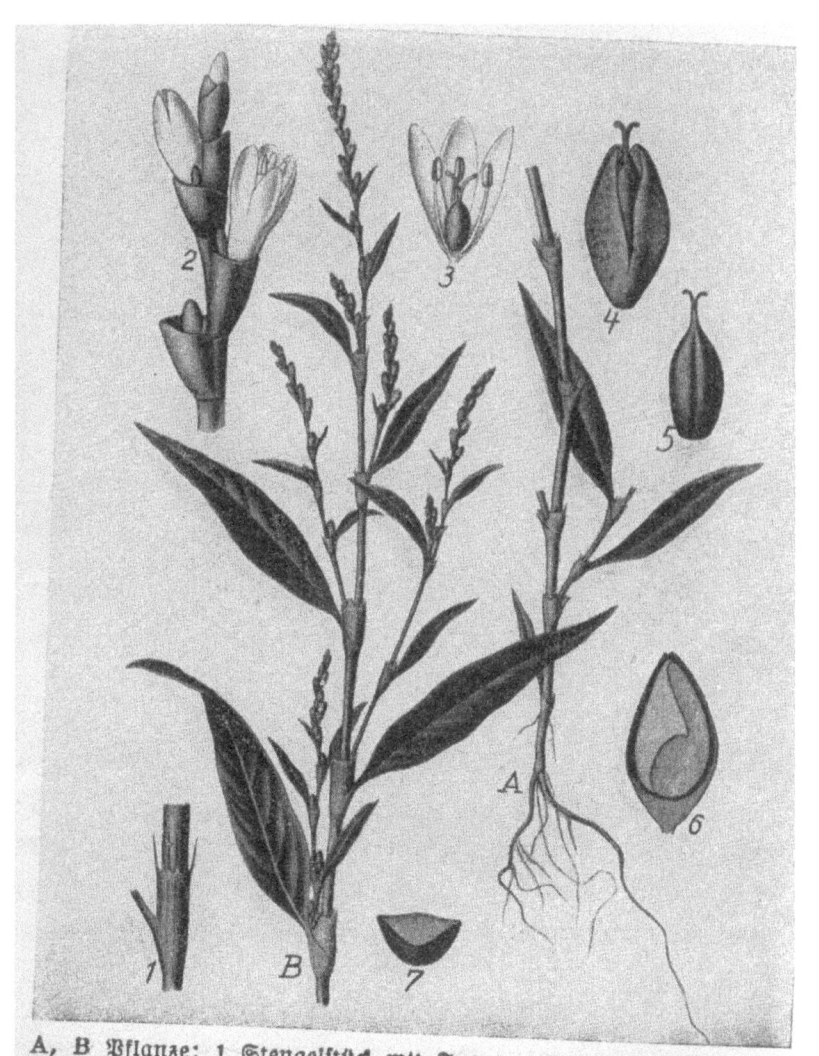

A, B Pflanze; 1 Stengelstück mit Tute u. Blattstiel; 2 Teil der
Blütenähre; 2 Blüte im Längsschnitt; 4 Frucht mit Hülle; 5 dieselbe ohne Hülle; 6, 7 dieselbe im Längs= u. Querschnitt. 1 bis 7
vergrößert.

Abb. 15. Wasserpfeffer (Polýgonum Hydrópiper L.).

Standort: Auf sumpfigen Wiesen, an Gräben.
Kennzeichen: Knöterichgewächs, Blüten in lockeren Ähren, drüsig-
punktiert, grünlich, rötlich oder weißlich.

A oberer Teil der blühenden Pflanze.

Abb. 16. Wiesen-Platterbse (Láthyrus praténsis L.).

Standort: Auf den meisten guten Wiesen.

Kennzeichen: Stengel weichhaarig. Blätter einpaarig, lanzettlich fein zugespitzt. Krone gelb.

Druck von A. Seydel & Cie. G. m. b. H., Abteilung Owo-Druck
Berlin SW 61